松原照子の
大世見《だいよけん》

「不思議な世界の方々」から
教えてもらった
本当の歴史と未来予言

Gakken

松原照子の大世見

はじめに

春が来て、夏が来て、また冬が来る。

季節の移り変わりは、ひとりひとりの人生物語をもつくっていきます。

私も、あなた様と同じように、季節を感じながら時を刻んでいるひとりでございます。

この本が出版されますのも、この年齢まで私が生きてきた証でございます。

私自身は、スピリチュアルとはどのような世界なのか、本音を申しあげますと興味がなく、私の書くものがこのジャンルに入ることは、今ひとつピンときません。

私が体験していることを、多くの方が「不思議だ」といってくださいますが、私にとりましてはごく普通と申しますか、自然と申しますか、生活するなかでも出来事のひとつでしかありません。

私のウェブサイトがスタートしましたのが2006年の元日でした。

「世の中のことを知りたい、見たい」

この思いから、ウェブサイトの記事を「世見《よけん》」と名づけました。そして、不思議な世界の方々から教えられること、見せられること、聞こえたこと、感じとれたことを、趣味を楽しむかのように書きつづけて、２０１６年６月６日、３０００回を迎えることができました。

ふり返ってみますと、「世見」に書いたことには、不思議な世界の方々の思いが詰まっている気がいたします。

一方、私はと申しますと、特別に「今日はこのことを書こう」などと思うことはありません。原稿用紙に向かって書き進めますと、光景が見えたり、だれかの声が聞こえたり、不思議な世界の方が直接、教えてくださったり、自分では理解できないことを書きたくなったりと、そのときどきの流れにまかせて「世見」を書いてきました。

書き終えますと、書いているときの熱き思いは静かに消え、何を書いたのかさえ頭の中になく、ずいぶんと時がたったかのような思いに多々なります。

自分が書く内容についても、そのことが真実かどうかなど、まったく気にもなりませんし、検証してみたいという思いを抱いたこともありません。

もちろん、「当てたい」という思いも皆無です。

今もこれからも、自分が書くことで何かを得たいと思うことは、ないでしょう。

人は、無理をしないのがいちばん。自分のできる範囲で、楽しみながらことを進めていけば、自ずから生きがいや生まれてきた理由がわかる気がいたします。

この年になりますと、自分の力量ではなく、見えざる力が働いたとしか思えぬ出来事もあります。自分で書いた文章をきっかけに転勤願いを申し出て、関西から関東に移り住み、私が書いた「世見」から他人様が真実を見いだし、不思議な世界の方々が実在の人物であることを知ったりしますと、仕組まれているという気持ちになります。

月刊「ムー」誌には、私が「世見」に書いたことを検証していただく連載記事がございますが、毎月、編集部から送られてくる原稿を読むたびに、自分が書いた文章とは思えず、どなたかが書いた文章として楽しむ読者になっています。

この本もまさに、読者のひとりとして、原稿を読んでしまいました。

経済、歴史、災害、政治、世界情勢。

どのテーマを取りましても、私の知識などなきに等しいのに、専門家の方に「あなたが経済について書かれたことを参考にしています」といっていただきますと、松原照子として喜ぶべきことなのか、不思議な世界の方々をお誉めいただいているのか、わからなくなります。

この本も同様で、自分が書いたという自覚がほとんどなく、読み進めるほどに、他人事のように感心することしきりです。

不思議な世界の方々が、古代のさまざまな出来事を教えてくださることや、災害を警告してくださることには、必ずや大きな意味があります。このたびの原稿を読み直して、そう改めて思いました。

あなた様にとって、この本がどのような位置づけになるのかはわかりませんが、私が書いたことの検証本として読まれるのだけは、どうかおやめください。

不思議な世界の方々が、私を通じて何かをお伝えしたいと思って書かせたのが「世見」だとお考えいただければ、嬉しく思います。

今の地球は、いつどこで災害が起きるかわかりません。世界情勢も大きく変化しています。

私が毎日、書かせていただく「世見」が、あなた様の息づきを高め、笑顔でお過ごしいただけるとしたら幸いに存じます。

松原照子

第1章 古代文明と幻の大陸

第2章 古代イスラエルと聖書の世界

第3章
不思議の国ニッポン

第4章

日本の近未来と自然界の動き

第5章
日本を取りまく国々と隠された真実

地球という生命の営みと苦しみ

第6章

補章

勘と予知能力を高める12のヒント

装幀∴辻中浩一
装画∴フジイイクコ
本文デザイン∴辻中浩一　内藤万起子
ＤＴＰ制作∴株式会社　明昌堂
編集制作∴細江優子

第１章

古代文明と幻の大陸

シュメールからの謎の警告「アン　ディン　ギル」「ル　ア　ナグ」

「アン　ディン　ギル」[*1]

「アン　ディン　ギル」

「アン　ディン　ギル」

この言葉が、くり返し聞こえました。

「アン　ディン　ギル」とは、どういう意味なのでしょうか?

「ル　ア　ナグ」[*2]

このことが難しい時代がくるといっているようですが、「ル　ア　ナグ」の意味がわかりません。「キ　ナグ」[*3]とも聞こえました。シュメールという
「シュメールからの伝言」のように思えました。シュメールというのは、どうやら人間のようです。

だれか、この言葉の意味を教えてください。

「シュメール神話[*4]が甦るとき、『旧約聖書』の謎が解き明かされる」

自分が何を書いているのかわかりませんが、きっと伝えたいこと

＊1 「アン」はシュメールの天空神、「ディンギル」は「神」。「アン神よ」という呼びかけか。
＊2 「ル」は「～させる」、「ア」は「水」、「ナグ」は「飲む」。「水を飲ませる」という意味か。
＊3 「キ」は「大地」。「大地が（水を）飲む」という意味か。
＊4 シュメール神話は、旧約聖書の原型ともいわれている。
＊5 古代メソポタミアで築かれた複数の階層を持つ神殿（左）。聖塔ともいわれる。

があるのでしょう。

「ジッグラト[*5]は、テル[*6]の下に埋もれている」

テルって、私のことですか？　どうも違うようです。テルというのは何語でしょう。

「広大な場所。植物は少なく、塩の原[*7]には聖塔が埋もれている。世紀の大発見になるだろう」

ですって。砂漠はいったい、どのような文明を飲み込んでいるのでしょう。シュメールが、現代人に何かを訴えているように思います。「アン　ディン　ギル」は、もしかしたらシュメールが神を呼ぶ言葉？　危急存亡のときに、こういえばいいのでしょうか。

「恐るべき嵐[*8]が荒れくるった。同時に破壊的な大洪水[*9]が起きた」

どこかでこの現象が起きる日が近づいているのかもしれません。日本とはいえませんが、どこの国で起きても大変です。

シュメールが、間違いなく何かを警告しようとしているように、私には思えました。

＊6 シリア東部のテル・ハリリ遺跡のことか。紀元前５０００年紀から集落があったとされる。

＊7 シリアのユーフラテス川下流域のことか。川の上流にダムを建設後、氾濫はなくなったが、地中の塩分が浮きでて塩の原になっている。また、シュメール文明が栄えていたころから、塩害がよく発生していた。

＊8 ティグリス川とユーフラテス川にはさまれたメソポタミアは、しばしば熱帯低気圧に襲われた。

＊9 メソポタミアでは洪水が多かったが、特に紀元前４０００年紀前半には大洪水に見まわれた。

『ポポル・ヴフ』と『マハーバーラタ』には地球の大異変が記録されている！

「8000年前……」[*1]

いきなりですか。

「牛を労働力として使っていた」

人間って、すごいなあ。二輪車に四輪車は、5000年前にはすでにあったのですね。ピラミッド建造時には動力滑車[*3]が登場。

話はここで変わります。

「金星の地球大接近」[*4]

これって何だ？　と思ってしまった私。

「ポポル・ヴフ記[*5]は、じつに見事に書かれています」

とは、不思議な世界の方の力強い言葉。

「マハー・パーラク記[*6]も、地球の大異変を正確に残しています」

ですって。ポポル・ヴフ記って、何なのでしょうね。マハー・パ

＊1 牛が家畜化されたのは、紀元前6000年ごろといわれる。約8000年前である。

＊2 紀元前2000年にはチャリオット（馬が引く古代戦車）が使われていた。少なくとも4000年以上前である。

＊3 動滑車のことだろう。ピラミッド建造に用いられたという説がごく一部で唱えられている。

＊4 金星が定期的に地球に接近して大災害を誘発するという説をイマヌエル・ヴェリコフスキーが唱

ーラク記って、もしかしてインド？　推測しながら聞き入る私。

古代バラモンが出現かあ。ロケット弾あり、飛行船も登場。毒ガスに核爆弾が、マハー・パーラク記には書いてあるのですって。驚いてしまいますが、今聞いてしまったので書いておきます。

いつもながら、書いているときは「ウヒャー」とか「ヘエー」とか、さまざまな感情を味わっているのに、書き終えると、ほとんど覚えていないのです。今回のポポル・ヴフ記くらいは覚えていたいのですが、もうすでに忘れそうな気配が漂っています（笑）。

矢のように空中に飛びあがる戦車。赤い炎を吐きながら星の彼方に消えた。こんなことがポポル・ヴフ記には書いてあるらしいのですが、本当かなあ。

もし本当なら、古代のあるとき、ある場所から、宇宙に向かって飛び立ったのですよね。すごい。

超古代文明は謎だらけ、ということですね。

「日本のストーンサークル[*7]は、1万2000年前のもの」

えている（『衝突する宇宙』）。

＊5 マヤの一部族、キチェー族に伝わる創世神話。

＊6 古代インドの叙事詩『マハーバーラタ』のことだろう。空飛ぶ宮殿とも戦車ともいわれるヴィマーナ（左）が登場する。

＊7 秋田県の大湯環状列石をはじめ各地にストーンサークルがある。現時点での最古は北海道の阿久《あきゅう》遺跡のストーンサークルで、縄文時代前期末のものといわれている。

そう聞こえたけれど、日本にストーンサークルがあるのですか？

「金星に火星が接近」

まさかとは思うのですが、なかったとも書けません。

ノアの方舟[*8]って、本当にあったお話だと思えてきます。

現在、地球の自然界は異常です。大洪水が全世界で起きてもいます。ノアの大洪水が、現実の出来事として、われわれ人類を恐怖の世界へと導く日がくるかもしれません。太陽暦が365日から367日になる日も。古代文明が残した遺産の中に、預言の書があるかもしれないのです。

あのサハラ砂漠も、かつては海[*9]でした。そのころの光景を想像するだけでも、地球は生きているのだと思えてきます。

アトランティスにムー。このふたつの大陸が海底に眠っているとしたら、日本列島も五大陸も、いつまでも今の姿のまま存在すると思ってはいけないのかもしれません。

今日も改めて、自然界に感謝！

＊8 1960年代にはアララト山斜面で船型地形が発見されている（写真）。2010年には、トルコと中国の共同チームが山頂付近で木造の構造物を発見したという。

＊9 2016年1月、ボローニャ大学の地質学調査チームが、サハラ砂漠で、ジュラ紀の海に生息していた巨大クロコダイル（マチモサウルス・レックス）の化石を発見したと発表した。

太平洋上のムー大陸は やはり巨大津波によって沈没した!?

紀元前5000年以降、メソポタミア、エジプト、インド、黄河に各文明が誕生したのはご存じのことと思います。

では、コロンブスが新大陸を発見するまで、南北のアメリカ大陸には文明が誕生していなかったのでしょうか？

こんな疑問が心に広がりました。

さっそく地図を開いてみると、コースト山脈[*1]と書かれた太平洋側に目がいきます。すると、人影が見えます。ブランコ岬からアッパークラマス湖のあたりです。この湖は、海に見えるほど大きい！

「ズームイン！」と心に叫ぶと、すごい文明社会が見えます。エジプト文明とも黄河文明とも違う文明です。サマー湖、エルバート湖に、アッパークラマス湖がつづいています。さらにハニー湖、ピラミッド湖まで、大きな川のような湖が見えます。

＊1 北アメリカの山脈。以下、本文中に出てくる地名を左の地図に示す。

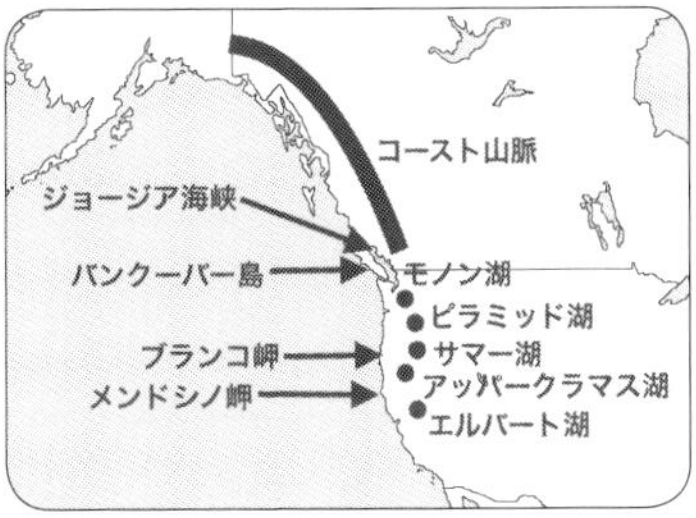

あれ、まだつづいている！　モノ湖[*2]まで！　すごい巨大湖だ。

この周辺に今、人影が多く見られます。

私は何を見ようとしているのでしょう。遠い太古の地図を見ているみたいです。

「だれも信じないだろうなあ」

バンクーバー島は陸つづきで　ジョーズ海峡[*3]はなく、メンドシノ岬からブランコ岬、フローレンスの前方に島があります。空想の世界にしてはリアルに見えます。この地に文明があったとしたら、なぜいまだに何ひとつ発見されていないのでしょう。

ああ、地鳴りがしたかと思うと、津波です。それも巨大津波。

「ムー大陸」

突然、書きたくなりました。何を書こうとしているのか、私にもわかりません。ずいぶん前だったと思いますが、ムー大陸は太平洋[*4]の真ん中にあったと、不思議な世界の方に聞いたことがあります。

今見えているものは、ムー大陸が海底[*5]に沈んだことにかかわりがあ

＊2 モノ湖ではなくモノン湖であろう。

＊3 ジョーズ海峡ではなくジョージア海峡であろう。

＊4 ジェームズ・チャーチワードの著作『失われたムー大陸』には、ムー大陸の位置が左のように示されている。

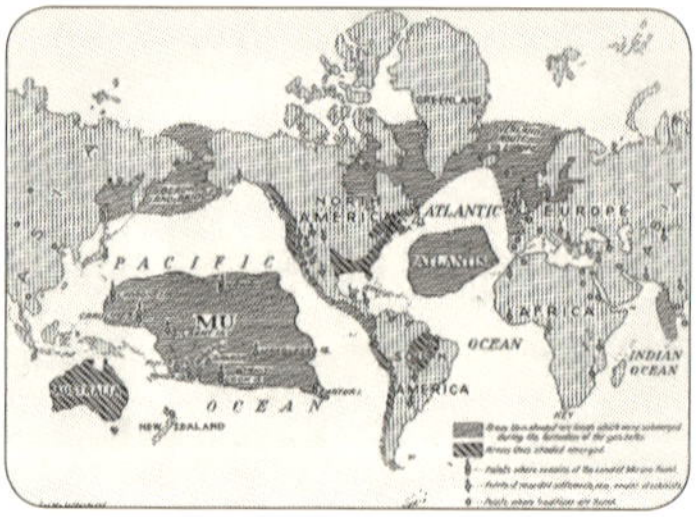

るのでしょうか。

あれ？　立派な天文台が見えます。反射鏡のようなものも見えます。巨大な反射鏡が天に向けられているのです。通信をキャッチする何か？　太陽のエネルギーを増幅する何かにも見えます。

よくよく見てみると、巨大反射鏡がいたるところにあり、その横に天文台（見た瞬間、私にはそう見えました）があるので、このふたつには何らかの役目があると思われます。

反射鏡は移動できるみたいです。大勢の人が、この反射鏡を引っぱっています。天文台で何を見て、何を測っていたのでしょう。

今は大都市となったサンフランシスコ。その横に巨大文明が本当にあったとしたら、皆びっくりすることでしょうね。

今見えたことが真実だという証拠は何ひとつありませんが、私が書きたくなったことだけは真実です。

では、なぜ跡形もなく消え去ったのでしょうか？

大いなる疑問です。

＊5　チャーチワードによれば、ムー大陸は、火山の噴火をともなう大地震と津波によって一夜のうちに海底へ沈んだという。

人類にとっての大きな鍵が「朱色」に隠されている？

日本の地に最初にやってきたとされるのは、O型の因子を持つ人たち。次にB型の因子を持つ人たちが上陸し、それからAB型の因子を持つ人たちがやってきたといわれています。AB型の人は、世界的に見ると少ないそうですが、日本[*1]は3番目に多い国です。

血の色が赤いからでしょうか、最近、私は朱色が気になります。マヤ文明[*2]にも朱色にまつわる逸話が多く残っていますし、三輪山[*3]の赤い糸伝説も、この朱色です。人類にとっての大きな鍵が、朱色に隠されていると思えて仕方がありません。

日本列島には60万年前に人類が存在していたことが確認されていますが、日本人のご先祖様ではないともいわれています。

今、不思議な思いが心に広がっています。私の潜在意識の中の何かが燃えあがります。

＊1 3番目かどうかは未確認だが、世界的に見てAB型の割合が多いのは事実。なかでもアイヌ人はAB型の割合が18パーセントで、人種としては世界一。

＊2 マヤ文明最大の都市国家ティカルは、かつて都市全体が朱色に塗られていたという。

＊3 『古事記』によれば、活玉依《いくたまより》毘売《びめ》のもとへ通う美しい男性の正体を知るために、寝床の前に赤土をまき、衣に麻糸を縫いつけた。それを追っていったところ三輪山に到達したため、男性の正体が大《おお》物主神《ものぬしのかみ》だとわかった。これが赤い糸伝説の由来だといわれている。

目の前では、ポリネシア・トライアングル[*4]の東端に位置するイースター島の巨大なモアイ像が、青空を見あげています。風雪に晒《さら》されたモアイ像ではなく、今できあがったばかりに見えます。

モアイ像のかたわらでは、人々が空を見あげています。「原始人」には見えません。文明・文化を感じる人々です。モアイ像がどちらを向いて[*5]いるのか方角はわかりませんが、そばにいる人々を見ていると、エジプトへ心が飛ぶのが不思議です。

彼らは天に近づくことを唯一の願いとしていたようですが、イースター島とエジプト、そしてミクロネシア、ハワイ島、グァムと、私の心に何かを訴えようとしているようにも感じられます。

太平洋諸島を見ていますと、すごく懐かしく感じられます。世界地図の中で、いちばん好きな場所です。

太平洋に沈んだとされるムー大陸！　その神秘に取り憑かれたのかもしれません。この謎が解明されると、人々は「地球家族」を認識してくれるような気がして、心が躍るのも本心です。

＊4　ハワイ諸島、イースター島、ニュージーランドを結ぶ三角形。

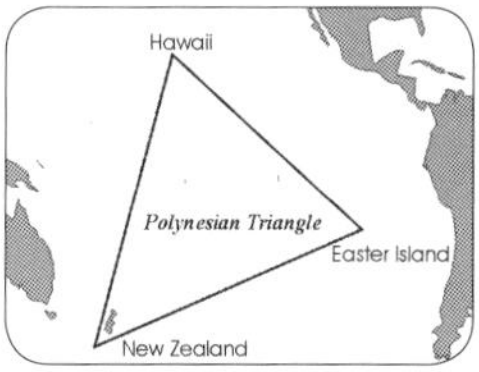

＊5　島内のモアイすべてが同じ向きというわけではない。集落を守るように配置され、集落に顔を向けているという。なお、モアイのなかには「プカオ」という赤い石を頭上に乗せたものがある。

ストーンヘンジに眠る死者たちは故郷の星と交信していた!?

ストーンヘンジは、約1000年の時をかけて建築されたと聞き[*1]ます。その中心には、お墓がある場合が多いとも聞きますが、それ[*2]だけではなく、何か深い意味が秘められていると感じています。

「あのころは空が澄み、天気のよい日には、昼間でも星が見えることがありました」

と、不思議な世界の方が話されます。

「夜空に輝く星たちと、昼間、ときおり顔を出す星たち。この現象が起こる場所には特徴があります。光を妨げる物がないことです。

ストーンヘンジが天文台だったのではと考えている方もおられま[*3]すが、天文台では正解とはいえません。まったく違うともいえませんが、かつて地球に住んだご先祖様と、人類をつなぐ通信施設だったと、こちらの世界に帰ってから知ることができました。

*1　巨大な溝が掘られたのが紀元前3500年ごろ、ストーンヘンジの完成が紀元前2500年ごろといわれている。つまり、約1000年の時をかけて建築された。その後は小規模な再構築が行われた。

*2　2013年3月、ロンドン大学の研究チームが、ストーンヘンジの原型は、有力一族の墓地であったとの見解を発表した。

あの時代の人々は、空から降りそそぐ光を大切にしていました。木々は光をさえぎり、影を落としますが、その影は、光とともに生きているかのように動きます。彼らは、物体があると、光と影がひとつになり、生命が宿ると考えていたようです。

木々には、個々の生命がありますね！　生命あるものは形を変化させますが、彼らは変化しないものを捜したのです。ストーンヘンジでわかるように、あのころの人々は、時の流れをただの『時』としては考えていませんでした。

光すなわち太陽光が、1年ごとに変化していることも、彼らは理解していました。そのため、石を置く場所を決めるのには時間が必要でした。光と石の融合です。

石にはもうひとつ、大きな魅力がありました。雨が降ると石は喜び、呼吸をして、地面に喜びの涙をしみわたらせます。しみ込んだ雨水は、立った石を包むかのように呼吸をしはじめるのです。

石を立てるためにつくった溝には、多くの工夫が込められていま

＊3　夏至の日に、ヒール・ストーンと呼ばれる岩と中央の祭壇石を結ぶ直線上に太陽が昇る（左図参照）など、天文学的な知識にもとづいて設計されているとの説がある。

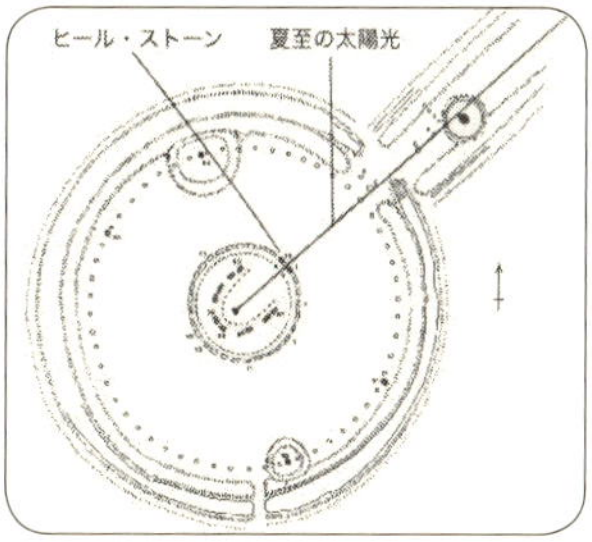

す。石が横に滑ったり、倒れたりしないよう、土と砂で食いとめているのです。

個々の石は、太陽の動きを考えて立てられています。そのため、大地もその石に合った強さにします。

彼らは、昼間ときおり顔を出す星を、故郷だと思っていたようです。『死』とは、その星に帰ることです。当時、人々にもっとも尊敬された人が死を迎えたとき、人々は、地球で暮らす自分たちの思いをその人に託しました。そして死者は、太陽光と石の雫に守られた土の中で、死者にしかできぬ交信を行ったのです。

１０００年もの月日をかけて完成させるのは、交信に最適な場をつくるためです。その月日の中で、未来への希望が石のひとつひとつに育ち、その力で、死後は星へ旅立てると思っていたようです」

教えていただいたことが、どれだけ書けたかわかりませんが、あのころの人々のように、もう少しゆったりと生きることも必要なのかもしれません。

南米の黄金郷、チブチャ王国に冶金技術を伝えたのは異星人だった!?

「古代インカは黄金郷、エル・ドーラ[*1]」

このように聞こえましたので、エル・ドーラにちょっと行ってみましょう。

昔々の大昔、チャブチャチャ[*2]という王国がありました。金メッキの技術はすばらしく、銅や銀製品も見事です。

あのあたりには小人族がいました。彼らの作品は精密でした。現代人ならレンズを通さないと見えないような装飾品を数多くつくっていたのです。

小人族とチャブチャチャ王国の人々は仲よしでした。小人族は知恵者ぞろいです。車輪をチャブチャチャ人に教えたし、白金の溶解方法まで、すでに熟知してもいました。

ここまで書いて「小人って異星人?・」と思ってしまいましたが、

*1 エル・ドラドのことだろう。スペイン語で「黄金の人」を意味し、黄金郷そのものを指す言葉として使われる。

*2 チブチャ文化のことだろう。16世紀ごろまでアンデス地方に存在し、金の採掘法と冶金《やきん》術が発達していた。王の即位式では、次代の王が体に金箔を貼って儀式に臨むため、これが黄金郷伝説のもとになった。左は、即位式の様子を表現した金細工。

不思議な世界の方には、そう教えられていません。

「このころには広大な飛行場がつくられていたのです」

突然の言葉に驚きました。数千年もの昔に、異星人たちと暮らした古代人たちは、何を見て、何を学んでいたのでしょう。

現地の伝説によれば、神々が「前進せよ」といったとか。

もしかすると古代人は、異星人を神と思い込んでいたのかもしれません。あのころも、神と思えるような「空飛ぶ人たち」がいたに違いないように思えてきました。

彼ら(神々)は古代人に知恵を与え、古代人は神々へのお礼を込めて巨大な作品をつくったとしたらどうでしょう。

古代人が神だと思った異星人は、地上での生活が苦手でした。そのため、地下*3が彼らの楽園となりました。深い場所ほど居心地がよかったので、地下7メートルもの深さに住居があったそうです。

アンデスの燭台*4として有名になった図形は、彼らが故郷に帰るための宇宙図だったとも書きたくなりました。あの図形には特殊ガラ

*3 インカ帝国の帝都であったクスコの地下には、トンネルが網のように張りめぐらされている。近年では、マチュピチュ遺跡の地下に無数の空間があり、そこには金属があることもわかっている。

*4 ペルーのパラカス半島にある地上絵。全長183メートル、幅70メートル、線の深さは約1メートル。白い燐光を放つ小石が並べられていたともいわれる。

スが並べられていると、不思議な世界の方がいっていています。

ナスカの巨大な地上絵は[*5]、小人族が地球を後にするとき、地上を眺めながら別れを惜しむものだったのかもしれません。あのころ小人族が乗った古代の飛行機は、三角翼飛行機[*6]として黄金の輝きを今も発して、小人族がいたことを教えているように思えます。

ナスカ平原が、なぜ彼らに愛されたのかはわかりませんが、南米大陸の航空路になっているので、生涯に一度くらい、飛行機の窓から見てみたい気もします。

地上絵が一筆書きなのは、故郷に帰った小人族が、地球を思いだして描けるからだといいます。彼らの文明では、線をとても大切にしていますし、頭脳にいちばん焼きつけやすいのだそうです。

にわかに信じがたい内容になってしまいましたが、感じたまま、聞こえたままに綴っていきました。異星人と地球人がともに暮らした社会とは、どのようなものだったでしょうか。案外、私たちのご先祖様は、異星人だったのかもしれません。

*5 ペルーのナスカに残る、動植物などを描いた地上絵。ほとんどが一筆書き。左はハチドリ。

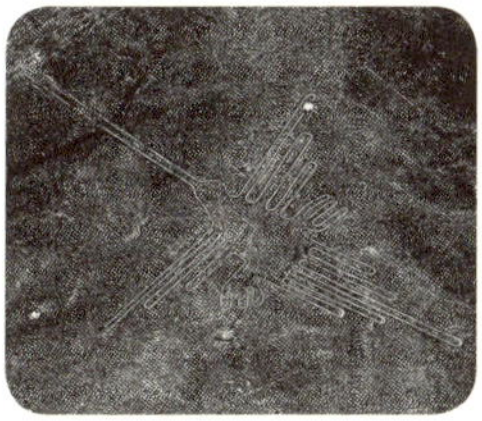

*6 コロンビア北部の遺跡から、飛行機を思わせる黄金細工が多数発掘され、「黄金シャトル」「黄金ジェット」などと呼ばれている。

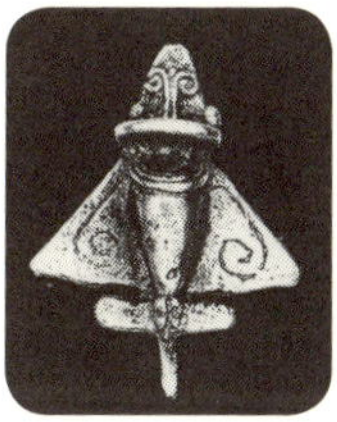

エジプトのピラミッドは神々のもとに昇っていくための階段？

今日は、古代エジプト時代にでも行ってみたくなりました。と申しましても、すぐに行けるかどうかはわかりません。私も気まぐれなら、不思議な世界の方も気まぐれです（ゴメンナサイ）。でもね、古代エジプト時代って、大好きな時代です。もしもタイムマシンがあったら、いつでも行ってみたくなります。

ジェセル王[*1]とイムヘテプ[*2]と聞くと、映画に出てきそうな名前ですが、イムヘテプは日本の菅原道真《みちざね》[*3]公と同じで、病気平癒の神になりました。でも、この人のイメージは、俳優のユル・ブリンナー。やっぱりスクリーンが似合う人物なのかもしれません。

古代エジプトは神秘的でエキゾチック。ファラオと聞くと胸が高鳴ります。最後の女王はクレオパトラ、男装の女王もいたとか。

ああ、来てる、来てる。書けそうです。

＊1 エジプト第3王朝の王。在位は紀元前２６６８～前２６４９年。

＊2 ジェセル王に仕えた高官。紀元前14世紀以降は書記たちに崇められ、前4世紀には治癒の神としても信仰されるようになった。

＊3 学問と和歌の神、至誠の神、厄除けの神、冤罪《えんざい》を晴らす神などとして知られるが、病気平癒という神徳は見当たらない。

アフリカ北東部を流れるナイル川は、今も昔も変わらずに人々の物語を眺めながら、流れているのでしょうね。

人々はどんな思いでファラオを思い、あの巨大なピラミッドを建設したのでしょうか。どうも、宗教心から生まれたような気がします。映画的には、奴隷がムチ打たれながら……というイメージが湧くのですが、今見えている光景は少し違っています。やっぱりこの時代も、人間が神になっていたと思われるのです。

あのね。先ほどの男装の女王って、「貴婦人中の貴婦人」[*4]という名前だったようですよ。

「彼女ほど美しい女性はいないだろう」

と、だれかが話す声が聞こえましたが、この女王は、なぜ男装をしたのでしょうか。

「愛する夫[*5]が若くして亡くなった後、夫の弟の自分を見る目が嫌なのと、正統[*6]な血筋であったがゆえに男装し、国を守ったのでした」

ああ、やっぱり書けた。

＊4 第18王朝のハトシェプスト女王のこと。王の名を示すカルトゥーシュに、「サー・ラー・ハアト・シェプスウト・ケネメト・アメン（貴婦人の中の貴婦人、アメン神と結ばれた者）」とある。

＊5 トトメス2世。治世は14年ほどであった。

＊6 ハトシェプストの父はトトメス1世、母のイアフメスはその正妃で、アメンホテプ1世の王女である。

ピラミッドは「神々のもとに昇っていくための階段」ですって。

あれ？　ピラミッドって、今のピラミッドの色[*7]ではなかったのですか？　頂点[*8]が今、黄金に光っています。まさかとは思いますが、画像を見ているのは私です。そのとおりに書かないと、自分が見ていることを消してしまいそうになるので、このままつづけます。

それと、私が今まで見たことのない形のピラミッドがひとつ、目の前に見えていたのですが、頂点には黄金だけでなく宝石がちりばめられていました。でも、すぐにそのピラミッドは、ケーキをナイフで切ったように、スパッと形を変えてしまいました。どうやら黄金や宝石が略奪されたようです。

あっ！　今見えたのは、もしかしてピラミッド建設の現場？

「ウヒャヒャ〜」

なんという声を上げてしまったのでしょう。自分でもびっくりです。だって、ピラミッドの外に階段[*9]がつくられているのですもの。それも、3階建てから4階建てくらいの高さのある階段です。

＊7　建造当初は、大理石の化粧板で覆われていたという。

＊8　古王国時代から、ピラミッドの頂点には、キャップストーン（ピラミディオン、ベンベネトとも）と呼ばれる四角錐の石が置かれた。中王国時代には金箔が施されたという。その多くは盗まれ、残っている物は非常に少ない。左はアメンエムハト3世のピラミッドのキャップストーン。

そこには神官らしき人たちと、王族のような人々と、不思議な格好をした人たちが厳《おごそ》かに並んでいます。そして、神官らしき人の合図とともに扉[*10]が中から開き、人々が飲み込まれていきます。中の様子は見えませんが、階段の下では民衆たちが祈りを捧げています。

ピラミッドの開口式（?）のようにも見えます。ビデオを早送りしているように目の前が動きます。王族が出てきましたが、神官たちと不思議な格好の人たちは姿を見せません。王族たちが下に降り立つと同時に、前列の民衆が階段を上がり、扉を閉めます。そして、石の階段を上から外しはじめたではありませんか。

早送りのため、アッという間に階段が姿を消しました。神官たちと不思議な格好をした人たちは、どこから外に出るのでしょう。地上十数メートルに扉が残されている不思議な光景が見えています。

なぜ頂上に扉をつくり、その扉をふさいだのでしょう。現在のピラミッドに、この扉が残っているのかはわかりませんが、見えたことをお知らせしておきたくなりました。

＊9 周囲にスロープをつくって石を運んだとの説がある（左）。

＊10 1993年、女王の間から伸びるシャフト（1辺20センチの通路）に扉が発見された。ただし、人が通るには狭すぎる。

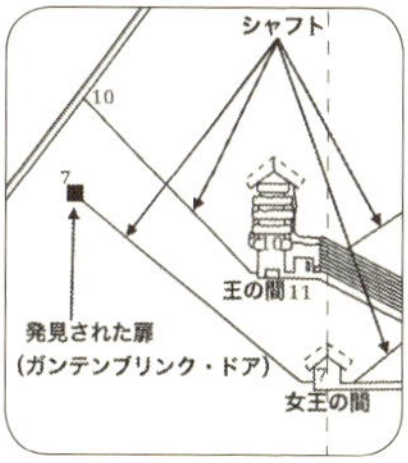

クシュ王国の「黒いファラオ」たちは太陽がつくりだす〝陰〟に神の力を見た！

ピラミッドというと、すぐにエジプトが思い浮かびますが、スーダンに栄えた「クシュ」[*1]という国があるのをご存じですか。

私は、不思議な世界の方からお話を聞くまで「クシュ」という名さえ知りませんでした。

クシュ王国は、黒人王国として栄えた国です。

隣国エジプトの影響を受けて、歴代の王たちのピラミッド[*2]を築いたともいわれますが、エジプトのピラミッドと大きく違うところは最大でも高さ20メートルくらいという点と、側面の角度が急で、細長い建造物であるという点です。

あの当時、羊は彼らにとって最も重要な神、アメン神[*3]の使いをする生き物とされていました。

彼らにとって、聖なる山はジャベル・パルカル[*4]。人々は、現代に

＊1 紀元前2600年ごろに最初の国家が興《おこ》った。紀元前1500年ごろエジプトの支配下に入り、紀元前10世紀ごろ独立。最古の黒人王国で、高度な文明を持つ。

＊2 スーダンのヌビア地域に約220基のピラミッドを建造し、王族の墓とした。側面の傾斜は約70度、高さは6～30メートル。

暮らす私たちとは違い、山を聖なる存在として崇め、太陽を神々の王とも思っていました。

クシュ王国は、黒いファラオの国として[*5]、今もなお神秘を漂わせています。彼らはピラミッドを築くにあたり、側面の角度を一番のポイントとしたようです。

彼らにとってピラミッドは、今でいう時計の働きを持っていたようです。陰の部分が多い場所を礼拝所と定めたのは、太陽のリズムが安定しているから。ピラミッドの傾斜にこだわったのは、太陽の陰陽が、見てすぐにわかるようにするためだったとか。

「彼らは、太陽がつくりだす陰の部分に、神なる力の意味を見いだしたのです」

自分たちの肌の色は、神に選ばれしゆえ。陰の部分は、聖なる神が宿る場所。陰陽の使い分けにこそ、国が栄える鍵がある。そんな思いを示すのが、あのピラミッドだそうです。

＊3 クシュ王国では、エジプトの国家神でもあるアメン神への信仰が深く浸透していた。

＊4 ゲベル・バルカルのことだろう。アメン神誕生の地と信じられた聖なる山である。

＊5 クシュ王国（ナパタ王国とも）のピイ王は、エジプトの割拠《かっきょ》状態を憂い、「旧宗主国の秩序とアメン神の権威を立て直す」ためにエジプトへ遠征。メンフィスを制圧して第25王朝を開き、「黒いファラオ」となった。

ククルカンが伝えたマヤ文明は ラカンドン族に引き継がれている!?

伝説の王、ククルカン[*1]（聞こえたとおりに書いています）。

ククルカン王は、天空人だった。

突然、こんなことを書きたくなりました（天空人とは、私流の呼び名で、異星人のことです）。

だってね。あの時代に彼がいなければ、暦[*2]なんてつくれませんもの（あら、暦が出てきました）。

私ね。こうして書きながら、自分でも「あら」「あれ」がよく出てくるのです。ククルカン王と暦とのつながりもわかりません。

それと、マヤ文明とククルカン王の関係、マヤ人とラカ○ド○族[*3]（○の部分は聞き取れません）との関係もわかりません。

でもね。自分が書きたくなるのですから、きっとすごい答えが潜んでいるような気がします。

*1 マヤ神話の最高神。アステカ神話の神であるケツァルコアトルと同一視されている。

*2 マヤ文明の遺跡チチェン・イッツァにある「ククルカンの神殿」は、「暦のピラミッド」ともいわれている。階段の数が太陽暦の一年やマヤ暦の一年を正確に表し、春分と秋分の日の日没時には、太陽光と階段が織りなす陰影によってククルカンの蛇体が現れる。

密林に古代遺跡があります。マヤ文明がその遺跡です。

人間の力は、果てしなくすごい。四大文明が栄えた理由は、そばに大きな川があったからなのに、マヤ文明は、熱帯の密林の中に出現しています。

マヤ人とは、どのような人々だったのだろう。文明を語れるほどの知識のない私から見ても、世にも不思議な人たちです。

「ラカ○ド○族」

いつものことながら、こうして書いていると、突然だれかが語りかけてくれます。不思議な世界の方々は、私がほかのことに気を取られて、原稿を書く手をとめてしまわないよう、こうして語りかけてくれるのです。

ラカ○ド○族が、今も存在していると思えてきました。マヤ文明と書いたらラカ○ド○族が登場しましたから、何か深い意味があるのでしょう。

＊3 ラカンドン族のことだろう。研究者たちの調べによると、マヤ人のなかでも低地に住む人々が、スペインの侵略を逃れて熱帯雨林の奥深くに逃げ込み、外部との接触を断って生活するようになった。それがラカンドン族のルーツだといわれ、装飾などにマヤ文明との類似が見られる。彼らが発見されたのは18世紀末で、最初の調査が行われたのは20世紀に入ってから。1979年の時点で、総人口は200名といわれている。左は1887年のスケッチ。

オルメカ文明が栄えたメキシコ湾岸で、紀元前に地球サミットが開催された？

私にとっては、はじめて聞く文明です。

「オルメカ文明」[*1]

不思議な世界の方に教えてもらえばもらうほど、興味が湧いてきます。密林地帯に人々が暮らした場所があり、そこには「文明」があったそうです。高さ3メートル余りもある巨石[*2]に、顔が刻み込まれているのですって。

この場所には、今でもすごいパワーがあるとか。なぜならば、この地でサミットが行われていたというのです。アフリカ大陸からやってきた人々。アジア大陸からやってきた人々。

いったい、だれが現地の人なのでしょう。

どのような意味があって、巨石人頭像を製作したのでしょう。

トップは、どんな人だったのでしょう。

*1 紀元前1200年から前400年ごろまで、メキシコ湾岸で栄えた文明。ユカタン半島とメキシコを含むメソアメリカでは、もっとも古い文明といわれている。マヤ文明やテオティワカン文明に大きな影響を与えた。

*2 オルメカ文明に見られる人間の頭部の像のことだろう。現存するのは17個。高さ147〜340センチ、重さ6〜40トン。どの像も黒人の特徴を有している。

こんなことを書いていると、「黒人がトップで、この地を支配していた」と、答えが返ってきました。

広大な海岸地方に栄えたオルメカ文明。

メキシコには、まだまだ神秘の場所が多くありそうです。

文化交流が紀元前にあったとしたら、言葉はどうしていたのでしょう。アフリカ、アジア、そして現地の人が、戦争ではなく語らいによって何かを決めていたとしたら、すばらしいことです。

オルメカ文明の遺跡には、この証拠が存在すると、不思議な世界の方はいわれます。頭の長い人たち[*3]は、現代人が思っている人種ではないともいわれました。

頭の長い人ってどんな人なのだろうと思ったら、額より上が長い人が見えました。それと、今見えた人たちは、腕が膝のあたりまであるのです。今立って、自分の手の先がどこにあるのかを見たのですが、膝のあたりには届きませんでした。

＊3 左は、ラ・ベンタ遺跡で出土した男性群像。個々が異なる緑柱石からつくられており、頭部が異様に長いのがわかる。生後まもない段階で、矯正器具を用いて頭蓋の形を人為的に変形させる風習は、マヤ文明に広く見られる。また、変形の度合いによって社会的地位が決まったとの説もある。

ミノタウロスの神話が残る宮殿は、神々が降臨する聖地だった！

「クノッソス宮殿[*1]は、中央公庭に秘密があるよ」

と話されたのは、中国4000年のおじちゃま。今日も暑いのに、赤い服をきっちり着ちゃって、顔色も健康そうで、見ているこちらも元気をもらえます。

クノッソス宮殿といきなりいわれても、私にはピンときません。

「クレタ島には神々がいた。その神々の存在を残そうとしたのがクノッソス宮殿だよ。宮殿の壁画[*2]には、戦いの絵も王が行進する姿も描かれてはいない。もちろん、狩猟も描かれてはいない。美女が飲み物を運ぶ姿や動植物が、この宮殿の主でもあるかのように描かれている」

まるで、神が中央公庭に降り立つかのように、東西に小室がたくさんつくられているクノッソス宮殿。この宮殿はけっして「迷宮[*3]で

＊1 ミノア文明の中心となった宮殿。紀元前1700年ごろ、広い中庭を擁する新宮殿が建設された。左はその平面図。

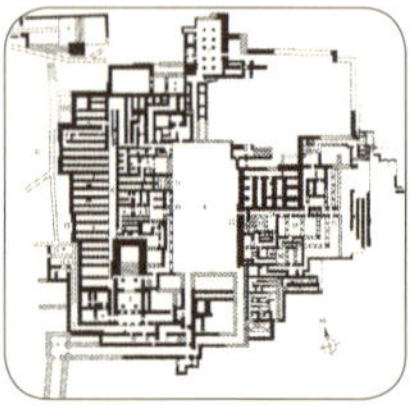

＊2 宮殿には多彩な壁画がある。

はない」と、中国4000年のおじちゃまは力説します。

「クノッソスのコイン[*4]をよく見るといい。ミノタウロスなる怪物があるのが表。ミノタウロスは怪物ではない。あれはすべて人間だ」

あの時代、牝牛の乳は人々の命を救いました。

人々は、この牝牛の力にあやかって、女性たちの母乳がよく出るようにと、牝牛と自分たちの体を合体させた絵を護符として身につけるようになったそうです。

結婚式の男女は、牛と人間が合体した姿で着飾り、「命よ、永遠であれ」との思いを込めて儀式を行ったのです。

彼らにとってミノタウロスは怪物ではなく、人々の力を増すために考えた自分たちの化身だったようです。

クノッソス宮殿の公庭は、彼らにとって聖地。あの地は、神々の降臨の場。

現代人も、裸足でこの地に立つと涙が出るはずです。

＊3　クノッソス宮殿は、ラビリントス（迷宮）の伝説で有名だが、迷宮というのは、廃墟となった宮殿を見た後世の人々が想像したものといわれている。

＊4　左のように、ミノタウロスが刻まれたコインが存在した。

魔鏡は古代中国のオーパーツ？伝説の帝王は異星人だった!?

古代中国には、謎がいっぱい潜んでいます。

そのひとつ、「魔鏡《まきょう》」*1のお話をしてくださったのは中国4000年のおじちゃまです。

不思議な力を持つ魔鏡は、透視鏡ともいわれたとか。どのような鏡だったのか、私自身、興味が湧きすぎて鉛筆を握る手が汗ばみます。古代中国で、いったいだれが魔鏡をつくったのでしょう。

魔鏡とは、銅と錫《すず》の合金だそうです。磨きあげる*2ほどに、裏側の文字や仏像などが、太陽の光によって浮かびあがるというではありませんか。

私は今、中国4000年のおじちゃまに、魔鏡の映像を見せてもらいました。びっくりすることに、この魔鏡が製作*3されたのは前漢の時代だそうです。紀元前1世紀の作品なのです。

*1 鏡面の反射光を壁に映すと、模様が浮かびあがる金属鏡。三角《さんかく》縁神獣鏡《ぶちしんじゅうきょう》（左）も魔鏡である。

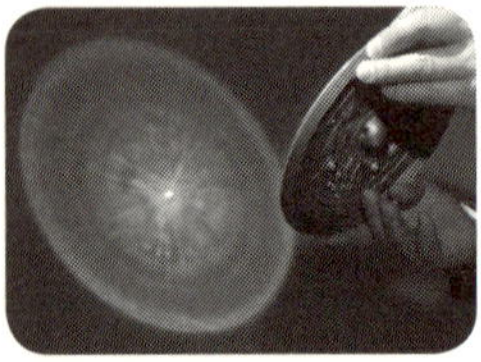

写真＝毎日新聞

*2 鏡面を研磨する際、不均一な凹凸が生じる。凹部分の反射光は収束して明るくなり、凸部分の反射光は拡散して暗くなる。その明暗が模様となる。＊4も参照。

*3 現在確認されている最古の魔鏡は、紀元前一世紀ごろ、前漢の時代につくられた「透光鑑《とうこうかん》」。

なぜこのような魔鏡ができたのかを聞いてみました。

「風が吹くと布が揺れる。風がないと布はそのままだ。光をさえぎるものがないと、ものはそのままに映しだされる。光は、影とともに存在する。

あの時代の人々は、風の力も光の力も知りつくしていた。魔鏡の秘密は肉厚*4の差にある。このことを知りつくしていたのだから、すごいことだ。

魔鏡は、死から生への復活の儀式に使用された。影なる存在こそ生と死そのもの。帝王は、光と影に怯えると、この魔鏡を手に取り、自分は神の化身とばかりに、人々に見せつけたのじゃよ。

だがな、銅と錫の合金ができたこと自体が神秘じゃ。紀元前1世紀には、金属の性質や粒子のことなど、だれも知らん。

中国の古代文明は、今からが話の本番じゃや。

四羊方尊《しようほうそん》*5を見よ。青銅をただ流し込んでも、できまいて。

銅が90。錫が10。*6

*4 鏡の裏には像や文字が鋳込《いこ》まれている。そのため厚さが不均一になり、薄い部分は研磨の力に耐えきれず凹む。こうして凹凸が生じる。

*5 殷《いん》王朝期に製作された青銅の酒器で、中国の国宝。

*6 銅と錫が9対1の合金は、砲《ほう》金《きん》（ガンメタル）と呼ばれる。摩耗・腐食しにくく、靭性《じんせい》に富む。

宇宙を見ていると、100という数字がとてつもなく偉大なのがわかる。9対1。この数字が、魔鏡にはある。凹凸の差も、この数字にもとづくものだ。

古代中国の帝王は、超能力者といっても過言ではない。魔鏡を目と目の間、眉間の高さに吊し、太陽の光や月光を反射させて、その光と影を眉間に吸い取った。

*7黄帝《こうてい》は、異星人ぞぉ。ウワッハッハ……。

次から次へと異星人が黄帝になってなぁ。

宇宙から来た彼らは宇宙船をつくり、古巣に戻ろうとしたが、それはできなかった。

天空からは幾度となく人間らしき姿をした者がやってきてなぁ。その様子を見た人々は、『月への船』といったようだ。今のそなたたちなら『UFO』というかもしれないなぁ。

*8后羿《こうげい》は、『空飛ぶ船に乗ると、太陽が東から昇って、西へ沈む姿は見られない』と、こちらに帰ってからいっていた。

＊7 古代中国の伝説上の帝王。四方を平定し、自然の運行を調和させ、養蚕、衣服、文字、医学などの文化を創始したとされる。

＊8 中国神話に登場する神。天帝の息子たちの化身である10個の太陽が、一度に地上を照らして灼熱地獄のようになったため、9個を射落とした。これは、UFOの空中戦を描いた伝説なのか？

[*9]湯王《とうおう》は『バカだ』と、自分でもいっていてなあ。『ハゲ山[*10]にしすぎた』と、嘆いておった。

どうだ、面白いだろう」

赤い服を着た中国４０００年のおじちゃまは、ひとしきり話をされると姿を消しました。

おじちゃまの話に出てきた湯王は、巨大なものを好んだとか。それは、権力を手にしたゆえでしょうか。それとも、故郷の星に、自分の存在を見せつけるためでしょうか。それとね。古文書には、上空を数百歩も散歩したと書かれているそうですから、やはり人間とはいい難い存在です。

黄帝、[*11]帝堯《ていぎょう》、后羿、帝舜《しゅん》、帝顓頊《せんぎょく》、湯王。古代中国に君臨した帝王たちは、もしかしたら、ほかの星からやってきた異星人だったのかもしれません。

実在したとも伝説ともいわれる彼らのことを一度、調べてくださいませんか？ きっと心躍るひとときが過ごせるはずです。

＊9 殷王朝を開き、初代の王となった人物。

＊10 湯王の時代、7年間におよぶ干ばつがあったという。そのことを指しているのだろうか？

＊11 帝堯《ぎょう》、帝舜《しゅん》、帝顓頊《せんぎょく》は、いずれも古代中国の帝王。

照の日記 ――1

人に頼らず独立独歩、わが道を行く。
かっこいいね。
でも、わかっていても人に頼ってしまいます。
わが道といっても迷いながら進みます。
だけどね。
ときおり立ちどまり、自分がこの先どうしたいのか、
どうなりたいのかを考えてみると、
きっとすごいことが起きると、
私は思っています。

第2章

古代イスラエルと聖書の世界

『旧約聖書』の大洪水は氷河の融解が原因か？ ノアの方舟が眠っている地点とは？

『旧約聖書』に出てくるノアの方舟[*1]には、さまざまな伝説が残っているようですが、どのお話が正しいのか私にはわかりません。

でも、大昔も、いたるところで大洪水が起きたのは事実です。

北中海北東部に位置し、ボアジチ・チャチツカレ両海峡[*2]で分けられた黒海は、地中海の付属海[*3]です。ここには古代ギリシアの植民地[*4]として繁栄していた都市がありました。

黒海の面積は44万8000平方キロメートル、水深は2249メートルもあります。氷河の融解によって急激に海面が上昇したかと思うと、海水が流れ込んでしまったようです。

ウトナピシュティム[*5]と大洪水の物語を私は知りませんが、不思議な世界の方のお話では、実際に起きたことだったようです。

[*6]「北緯9°26′4n　東経44°15′3n」

*1　40日40夜の大洪水を逃れるために、義人ノアが建造した方舟。20ページも参照。

*2　ボスポラス海峡をトルコ語でボアジチ海峡という。次の「チャチツカレ」は、チャナッカレ海峡のことだろう。

*3　大洋の周辺で、大陸や半島などに囲まれた海域のこと。

*4　紀元前7世紀から、ギリシア人が黒海沿岸部に植民を開始。

書けているのか不安ですが、目の前に見えたものを写しました。

「海抜1870メートル」

この場所がどこなのかは今の時点ではわかりませんし、どのような意味のある場所なのかもわかりません。ただ、どうやらロマンあふれる場所のような思いがしてきました。

もしも、ドナウ・ド＝エストル・ド＝エブル（長い名ですね）の大河川が流入する黒海を、古代ギリシア人たちが見たら、何を思うのでしょうね。[*7]

マルコ・ポーロが、こんなことをいっていたとか。

「ノアの方舟は、雪の中に眠っている」

なぜか今日は、そんな気持ちになっています。旧約聖書、創世記の洪水伝説が真実なら、方舟がアララト山頂に漂着したのは、もしかしたら本当だったのかもしれません。

ええ？「リベットがもっと出土する」ですって。[*8]

でも、リベットって、何なのですかね。

＊5『ギルガメシュ叙事詩』に登場する老賢人の名。ギルガメシュに、大昔の大洪水の話をする。

＊6 北緯39度26分4秒、東経44度15分3秒のことだろう。方舟が埋もれている場所として、有力視されている地点である。ちなみに、海抜は1870メートルだ。

＊7 おそらくドナウ、ドニエストル、ドニエプルの3川を指すのだろう。「ニ」が「＝」に見えたのだと思われる。いずれも黒海へ流入する大河である。

＊8 金属板などの接合に用いる鋲。＊6で解説した地点の周辺からは、石製のリベットらしきパーツが出土している。

古代イスラエルの神殿の丘には、奇跡の泉から水が引かれていた

小川が見えます。この小川がどこなのか、わかりません。小川の下流かな？　埋め立てをしています。

埋め立てをしている人たちの服装は、半袖のワンピースと申しましょうか、どこかで見たような気がします。肩から布を片方に垂らし、縛っている人もいます。帽子をかぶっている人もいます。

小川を埋め立てて何をするのでしょう。

神殿の丘[*1]ですって？

「○○が造営された」

○○の部分が聞こえない（笑）。

「羊の池[*2]、イスラエルの池」

小川かと思ったけど、池？　古代名はアラビア語なんですって。

「ビルケット・イスラライン[*3]」

＊1　エルサレムの旧市街にあるユダヤ教、キリスト教、イスラム教の聖地を神殿の丘という。現在は「岩のドーム」が建っている。

＊2　エルサレムの「羊の門」の近くにある「ベテスダ池」のことだろう。人工の貯水池で「羊の池」とも呼ばれる。左は復元模型。

＊3　おそらく「Birket Isra'in」のこと。アラビア語で「イスラエル部族の子孫の池」という意味。ベテスダ池の遺跡が発見されたのは

今日は、聞こえたこと、見えたこと、教えられたことも書いておきます。きっと意味があると思うから、推理してくださいね。

この池は、何らかの理由で埋められて[*4]しまったみたいです。

ベゼッタ川[*5]って、あるのかなあ？　この小川が、もしかしたらベゼッタ川？

「古代イエルサレム」

そう聞こえました。「エルサレム」ではなく「イエルサレム」。

今の小川の光景って、イエルサレム？　今日は「?」をたくさんつけたくなります。

イエルサレムって、好きなんです。だってね、神秘的でしょう。

「シロアハトンネル」[*6]って、本当は神秘がいっぱい隠されているみたいです。２７００年前[*7]というと、どんな時代かなあ。

「南王国ユダ」

楽しくなってきました。

飾り石に書かれた文字に注目。一のトンネルに南口と北口がある

19世紀で、それまでは地元の人々にこう呼ばれていた。

＊4 紀元1世紀に、ベテスダ池は使われなくなったようだ。

＊5 おそらくベテスダ池のこと。ベテスダ池は、神殿の外を流れる川の水を引き込んだものである。

＊6 おそらく「シロアム・トンネル（ヒゼキヤのトンネル）」のこと。エルサレムの水源「シロアハの水」を守るために、ユダ王国のヒゼキヤ王が、地下の岩盤を掘削して新たな水路を築いた。

＊7 ヒゼキヤのトンネルがつくられたのは紀元前8世紀、約２７０0年前のことである。

んですって。南口[8]は湧泉、北口はシロアハ池へと通じます。

　イエルサレムは山岳地帯の中核。神殿の丘にある「王の回廊」[9]の階段を降りる人が見えます。この階段って、6〜7段くらいかなあ。階段から降りて右に行くと、ヒッポ○○[10]というところがあって、その横には地下に通じる道があるようです。

　デュロポエン峡谷[11]には、貯蔵庫もあります。この峡谷には、今も「昔」が眠っています。

　私が今、目にしている光景は、イエス・キリストが目にした光景より少し前のもののようです。イエスが姿を消した後（死後）、風[12]景が変わったみたいです。

『新約聖書』は、なぜイエルサレムのことをはっきりと書かないんだろう？　聖書に縁のない私が、こんな疑問を抱くことが不思議です。建造物には、秘められた謎と申しますか、世に知られたくない秘密があったように思います。

　もしかすると、ローマ帝国に統治されていた時代に、物語がつく

＊8 地図で確認すると、北口がギホンの泉、南口がシロアム池へと通じ、南北が逆になっている。

＊9 ヘロデ大王が神殿の大改築をした際につくられた。

＊10 「ヒッポドローム」のことだろう。ヘロデ大王が建造した円形競技場だ。

＊11 エルサレムの市街地を南北に走る「テュロペオンの谷」のことだろう。谷沿いに町があり、その北側には貯蔵用の倉庫群などがあったとされている。

り変えられて伝説になり、のちのキリスト教徒は、その伝説を信じて建造物を建てたのでしょうか。そんな気がしました。

目の前にいらっしゃる不思議な世界の方も、私がこのように思うと、頷かれます。

神殿の丘周辺は、今もあのころのまま秘密のベールに包まれています。

イスラエルの王制は、12部族連合だったとか。今見えた「神の箱」*13は、私には神輿《みこし》に見えます。

話があちこちに飛びますが、イエス・キリストがパリサイ派*14に嫌われたからドラマが生まれ、今なお人々の心にキリストが生きているのです。そうそう、このころ、もう双六《すごろく》*15があったんですって（だれか調べてくださいね）。

イエス・キリストと聖書にまつわる真実が発見されたなら、人間社会はもう少し穏やかになるような気がします。

「マルヤム*16の息子イーサ」

*12 イエスの時代、エルサレムの人口は6万人まで増加したが、70年に、ローマ軍によって徹底的に破壊されてしまった。

*13 神の箱（契約の聖櫃《せいひつ》）と神輿《みこし》との類似性は、多くの研究者によって指摘されている。

*14『新約聖書』の中で、イエスはパリサイ派（ファリサイ派）をかなり強い言葉で批判している。

*15 メギドの丘から盤上ゲームが出土している。

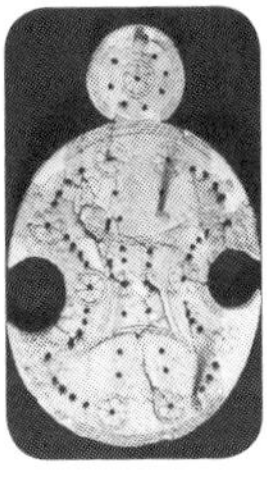

のちに呼ばれる名が「マリアの息子イエス」だそうです。

イエスは預言者でした。

ムハンマド[*17]についての預言はぴったりだったとか。

イスラム教徒が、今もなお戦いつづけるのはなぜなのでしょう。

「タバカート、タバカート」[*18]と、だれかがいいました。

今世界は、同じ状態にある者たちであふれかえっていると……。

タバカートとは、何語ですか?

それと、キドロン峡[*19]の湧出泉ギホンには、精神を安定させる力がり、この泉のおかげでこの地一帯が聖地になったようですよ。

あれ、こんな声が聞こえました。

「磁石の上に器を置き、その中に水を入れて、『ギホンの水よ、きたれ』と唱えてから、お心の中で99まで数えて飲み干せば、体の水が息づきます」

不思議な世界の方からのプレゼントのように思いました。

機会があれば、ぜひお試しください。

＊16 アラビア語では、マリアがマルヤム、イエスがイーサーとなる。

＊17 イスラムの聖典『クルアーン』では、イーサーがムハンマドについて預言しているが、『新約聖書』では、ムハンマドを暗示しているとされる箇所はあるものの、明示はされていない。

＊18 アラビア語で「同じ状態にある者たち」の意。社会階層を意味することもある。

＊19 神殿の丘からオリーブ山にかけての谷。ギホンは、古代エルサレムの主要な水源。＊8も参照。

苦難を乗り越えて全世界に散った「イスラエルの民」に学ぶこととは？

①キリスト教徒は世界に21億7318万人います。[*1]
②次がイスラム教で13億3596万人。
③ヒンドゥー教が8億7198万人。
④中国民間宗教が3億8667万人。
⑤……[*2]3億8254万人。
⑥ユダヤ教が1521万人。[*3]

こんな数字がスラスラと書けました。あとでだれかに聞かれても覚えていないことでしょう。

でも、ユダヤ教の人数の少なさに、興味が湧きあがってきます。ユダヤ人は、古代[*4]メソポタミアからパレスチナに、苦労を乗り越えて移住してきました。ハブ[*5]＝セム語族の中で、ヘブライ語を話す人たちのことです。

*1 ①キリスト教徒から、④中国民間宗教の人口までは、2007年時点のデータと一致する。

*2 仏教だと思われる。

*3 2007年のデータだとすれば、1512万人である。

*4 『旧約聖書』によれば、メソポタミアのウル（現在のイラク南部）からカナンのヘブロン（現在のイスラエル。つまり、パレスチナ地域）に移住した。

*5 ハム＝セム語族のことだろう。ハム諸語とセム諸語が同系であるとの考えにもとづく名称。ハムもセムも、ノアの子供の名に由来する。

今日は、頭の中で自分が話しているように、聞こえたと同時に書いているためか、いつもより書くスピードがアップしています。

「ヘブライ[*6]は、古代イスラエル王国の別称です」

今度はどこかで声が聞こえました。

なぜ今、ユダヤ人のことを書かされているのでしょうか？　少し前は毛沢東[*7]からフリーメーソン[*8]にいき、今度はユダヤ人です。

きっと、どこかでつながっているのでしょうが、今のところ私には理解できないというより、知らないことばかりです。

頭が混乱しはじめたので、コーヒータイムといたします。

しばし休憩……。

「元気が出ましたか？」

頭の右側にだれかが住みついたのか、中年男性の声がします。聞こえたまま、書くことにいたしましょう。

今の世は、ユダヤを語らずしては何事も見えてきません。

今思うと、ヘロデス大王[*9]の時代が、いちばん安定した時代だった

*6　ヘブライ（ヘブル）とは「川を越えてきた者」の意。他民族がイスラエル人をこう呼んだことに由来するという。
*7　毛沢東はユダヤ系財閥のロスチャイルドから資金提供を受けていたという説があるようだ。
*8　世界最古の非宗教的友愛団体だが、しばしば陰謀論と結びつけられる。また、フリーメーソンが用いる象徴体系は、『旧約聖書』に依拠するものが多い。その点ではユダヤ人とのつながりがある。
*9　ヘロデ大王ともいう。エルサレムの第2神殿を大改築してヘロデ神殿を築いた。在位は紀元前37～前4年。

ようですが、ＢＣ70年[10]、都をチッスに破壊され、ローマ帝国に対して幾度となく反乱を起こすも失敗し、ローマがキリスト教を公認したことが拍車をかけ、ローマ帝国内にバラバラとなって、ユダヤ人は国を失ったのです。

イスラエル（原名Madinat Isrel）[11]とは、ヘブライ語で「神の戦い」という意味なのです。

ユダヤ人の歴史は、まさにこの名のとおり戦いの連続でした。

彼らはユダ王国を建設後、ユダヤ人と呼ばれるようになったのですが、イスラエル人という人が多いようです。

ユダヤ人は、世界中に住んでいます。

①イスラエルには２００万人以上[12]が住み、②イラン、③トルコ、④インド、⑤レバノン、⑥イラク、⑦シリア、⑧日本、⑨チュニジア、⑩エチオピア、⑪ローデシア、⑫リビア、⑬南アフリカ共和国、⑭モロッコ、⑮ロシア、⑯フランス、⑰イギリス、⑱ベルギー、⑲イタリア、⑳ドイツ、㉑ポーランド、㉒オランダ、㉓スイス、㉔チ

＊10　のちにローマ皇帝となるチッス（ティトゥス）がエルサレムを破壊したのは、ＢＣ70年ではなく、ＡＤ70年のことである。

＊11　ヘブライ語で「Medinat Israel」。直訳すれば「近代国家イスラエル」。「イシャラー（Isra）は「勝つ者」、「エル（el）」は「神」で、「神に勝つ者」の意。12部族の始祖となるヤコブが、天使（神）と格闘して勝ったため、イスラエルと名を改めたことに由来する。

＊12　２００万人以上というのは、１９７０年ごろの数。２０１０年の時点で５７０万人以上である。

エコスロバキア、㉕スウェーデン、㉖オーストリア、㉗ブルガリア、㉘ユーゴ、㉙ギリシア、㉚デンマーク、㉛アイルランド　㉜アメリカ、㉝アルゼンチン、㉞カナダ、㉟ブラジル、㊱ウルグアイ、㊲チリ、㊳メキシコ、㊴コロンビア、㊵ベネズエラ、㊶オーストラリア、㊷ニュージーランド、㊸アフリカ。

ここまで一気に書いたけれど、日本人が他国で暮らすのとは、ずいぶん違うように思います。

それと、ここに書かなかったアジアやヨーロッパの国々にも、彼らは住んでいます。

こちらから見ていますと、彼らのエネルギーの強さには眩しささえ感じます。

彼らの旅は、紀元前１２００年ごろから始まったと申しあげても過言ではありません。モーセに率いられて[*13]エジプトを去ったあのときから、彼らのこの地球上での働きが始まったのです。

イエス・キリストはユダヤ人でした。

＊13 モーセによる出エジプトの年代は、考古学的資料からは特定することができないが、早期説で紀元前15世紀、後期説で紀元前13世紀というものがある。

＊14 イエス自身はユダヤ教徒として生まれ、ユダヤ教徒として死んだ。キリスト教が成立するのは、イエスの死後である。

イエス・キリスト自身、ユダヤ教徒[14]でもありました。

古代エジプト時代、ユダヤ人は過酷[15]な日々を送っていました。ユダヤ人をカナン[16]という故郷に帰してあげたい一心で、エジプトを脱出したときから、モーセの体には、地球と一体になる不思議な力が宿ったのです。

シナイの山頂で、神ヤハウェから十戒を授かったとされるお話はまた別の機会に申しあげるとして、トーラー[17]（律法）を守り抜いていたユダヤ人たちが行き着く先は、戒律をますます厳格にすることでした。

「人は、人として正しい生き方を探している」

今日、皆様にお伝えしたいのは、このことです。

勇敢で行動力に富んだモーセ。彼が今の人々を見たら、どう思うのでしょうか。

ユダヤを知ると、今までの歴史の真実が見えてくるし、これからの歴史も見えてくるのです。

＊15『旧約聖書』によれば、エジプトへ移住したイスラエル人の勢力が増したため、これを恐れたファラオがイスラエル人を奴隷とし、男児が生まれたらナイル川へ投げ込むよう命じたという。

＊16 パレスチナ地方の古代の名称。「カナアン」ともいう。神ヤハウェがアブラハムの子孫に与えると約束した地。

＊17『旧約聖書』の最初の5つの書、「創世記」「出エジプト記」「レビ記」「民数記」「申命記《しんめいき》」のこと。「モーセ五書」ともいう。「トーラー」とはヘブライ語で「教え」を意味する。

イスラエルの国旗を飾る六芒星は、ユダとヨセフの絆を示している？

「天地創造」をあなたはどのように受け取っていますか。

「神は、天と地を創造された」

「地は形なく、闇が淵のおもてにあり」

どんな世界なのでしょう？

神は「光あれ」[*1]ともいわれました。

光とは、果てしない宇宙に輝く星たちだとしたら、天地創造の神は、全宇宙においてただひとつの神にも思えてきます。

『旧約聖書』には、いたるところに謎が見受けられると、不思議な世界の方はいわれます。

「イスラエルの国旗[*2]って、どんなデザインなのだろう」

お話を聞いていると、こんな疑問が湧いてきました。

ユダ[*3]は△の形で表し、ヨセフ[*4]は▽の形で表し、ユダとヨセフの輪

＊1 ここまでの「 」内の文章は、口語訳聖書（1955年）の「創世記」に酷似。いわく、「はじめに神は天と地とを創造された。地は形なく、むなしく、やみが淵のおもてにあり、神の霊が水のおもてをおおっていた。神は『光あれ』と言われた」。

＊2 中央に六芒星がある。

＊3 「創世記」に登場するヤコブの4番目の息子。△で表されるかについては不明。

がけっして外れずに結ばれているというデザインが、この形（ダビデの星）だとか。

私は、ユダとヨセフのことは語れませんが、このデザインには少しだけ興味があります。伊勢神宮[5]にもこのマークがあると聞いた気さえします。

「[6]紀元前1400年ごろに城の崩壊が起きている。火山帯に属しているために、この一帯に大地震が起きた」

と、不思議な世界の方はいっておられました。

城は大きく揺れ、大火災が発生してもいます。

『旧約聖書』には、奇跡がごく当たり前のように、頻繁に出てくるそうです。確かに、ヨルダン川[7]には奇跡の話がよく似合いますが、あのころは地滑りが多く発生して、一瞬のうちに川を堰《せ》きとめたことも多々ありました。

当時の人々は神の存在を信じていましたから、それを「奇跡」と受けとめても、自然なことだと思えるのです。

＊4 ヤコブの11番目の息子。兄ユダの策略でエジプトに売られるが、身を立てて宰相となり、飢饉に見まわれた兄たちを救う。▽で表されるかについては不明。

＊5 昭和30年に、伊勢神宮を信奉する団体が灯籠を奉献。それに六芒星が刻まれていた。

＊6 「ヨシュア記」に記された城塞都市エリコの崩壊は、紀元前1400年ごろの大地震が原因だと考える研究者もいる。

＊7 一例として「ヨシュア記」によれば、契約の箱を担いだ祭司たちがヨルダン川の中にとどまると、神が上流の水を堰《せ》きとめた。

不思議な世界の方々は、フィリア精神で私たちを見守っている

『旧約聖書』といわれても、どのようなことが書かれているのかわかりません。エルサレム、バビロン、サマリアは、自然と都市の名として浮かびました。私の知識にあったのでしょうか？

「ソドム、ゴモラ」[*1]

男の人の声がします。どこかで聞いたような気もします。

「ソドムに住む人々は信仰心がなく、不道徳な生き方をしていたために、ゴモラの町とともに神が火で焼きつくし、滅ぼした町として『旧約聖書』に登場しています」

今度は女性の声です。

神様って残酷なのですね。火で焼きつくすとは、とても悲しく感じますが、そう書かれているというのですから、きっと深い意味があるのでしょう。

＊1 『旧約聖書』の「創世記」に登場する町。性風俗の乱れなど、道徳的な退廃がいちじるしかったために、天からの硫黄《いおう》と火に焼かれたと伝えられている。

＊2 イーシュはヘブライ語で男を、イッシャー（本文中ではイッシャと表記）は女を意味する。

＊3～4 アダムは、原語に近づけて発音するとアーダームとなる。「創世記」第2章7節には「主なる神は、土（アダマ）の塵《ちり》で人（アダム）を形づくり、その鼻に命の息を吹き入れられた」とあり、ヘブライ語の「土」に由来する名であることがわかる。

ホテルに泊まったとき、聖書が置かれているのを目にしたことはありますが、開いたことはありません。

でも、聖書という言葉の響きは好きです。

「男のことをイーシュ[*2]、女のことをイッシャ」

どこの言葉かわかりませんが、こんな女性の声をキャッチ。

『神が創造した人』という意味が『アダム[*3]』

聞こえたとおりに書いていきます。

「アダム？ それともイブ？」と問いかけたら、「アーダーム[*4]と発音しなさい」といわれました。

「アーダーム[*5]はいった。私の骨から骨、私の肉から肉、この者をイッシャと名づけよう」

「私たちは、フィリア[*6]精神でいつもあなたがたを見守り、支えています。自分の神の存在を信じなさい」

フィリアとは、快い温かさと情に満ちた愛に関心を持つことを意味するようです。私もフィリアを大切にします。

＊5 アーダームを「人」、イッシャを「女」と解すれば、「創世記」第2章23節の文言にほぼ等しい。いわく、「人は言った。『ついに、これこそわたしの骨の骨。わたしの肉の肉。これをこそ、女（イッシャー）と呼ぼう』」。

＊6 友情や友愛を意味するギリシア語。『新約聖書』の原語であるギリシア語には、「愛」と訳される言葉が4つある。すなわち、エロース（恋愛・性愛）、ストルゲー（家族間の愛）、フィリア（友愛）、アガペー（真の愛・神が人間に注ぐ無条件の愛）である。

モーセは現代ヘブライ語を理解できるが、聖徳太子は現代の日本語を理解できない！

「ヘブル語[*1]というのは、ユダヤ民族が世界中に離散[*2]した後も、世界[*3]各地で大切に使われていて、イスラエル建国（１９４８年）後、イスラエルの国語[*4]として復活した言語です。

ヘブル語ほど、文法・発音・単語が守られている言語はありません。聖書の原典と、宗教的な文章で伝えられてきた言語がもとになっているので、昔も今もほとんど変わっていません。

このヘブル語とまったく反対の動きをしているのが日本語です。次々と新語が誕生して、人間本来の心の機微を表す言葉がなくなるのではと心配しています。

どうか、日本の国語を大切にしなさい。

あのモーセが今現れても、ヘブル語が読め、ほとんどを理解できるのに、聖徳太子ほどの人でも、今の若者が使う日本語は理解でき

＊1 ヘブライ語のこと。古典ヘブライ語と、20世紀に復活した現代ヘブライ語に大別される。

＊2 66～70年のユダヤ戦争や、132～135年のバル・コクバの乱を経て、多くのユダヤ人がパレスチナ地域から各地へ離散した。

＊3 ユダヤ人の移住先では、古典ヘブライ語とは異なる日用語が使われたが、ユダヤ教の教会（シナゴーグ）を中心に古典ヘブライ語が守られた。19世紀になると、シオニズム（聖地復興運動）が高まり、のちに『古代・現代ヘブライ

ないでしょう」

「ごめんなさい、私もです」

そう呟《つぶや》いてみましたが、無視かなあ。

「モーセが今のヘブル語を理解できないとしたら、あの当時、地球上に存在しなかったエレベーターやテレビ、クーラーといった文明や文化の発展、それと銀行のような場所がなかったからです。そのため、今現れても、すぐには理解できないのですが、それにしても言語を大切にする人々によってヘブル語は守られています。

今日、皆様にお伝えしたいのは、言葉を大切にしなさいということです。時代が変わろうとも、人が歩みし道は、いずれ後世に受け継がれていきます。ヘブル語のように、今の世まで伝わる言語は、その言語を使う人の誇りです。

確かに聖書の原本は残っていません。でも、写本は粘土板や動物の皮紙、パピルスなどに書かれています。何より、人々の思いが人から人へと言葉で伝えられて、現在も当時に近い言語として残っているのです。このことをどうか心にとめてお暮らしなさい」


語完全辞典』を完成させるエリエゼル・ベン・イェフダーらがイスラエルへ入植。ヘブライ語のみで生活するとともに、現代の生活様式に合わせた新しいヘブライ語をつくりはじめた。これが現代ヘブライ語の基礎となっている。

*4 イスラエルは、1949年に国連に加盟。このとき、現代ヘブライ語が国語となった。

聖都エルサレムの城壁をめぐり歩き、後世に語り伝えるものとは？

[*1]「シオンのまわりを歩き、あまねく巡って、そのやぐらを数え、その城壁に心をとめ、そのもろもろの殿を調べよ。これはあなたがたが後の世に語り伝えるためである」

　こんなことが書けてしまいました。

「シオンのまわりを歩き」とあるので、場所なのかもしれません。

「sbyb[*2]を城壁と訳さず壁と読むと、ダビデの時代がよくわかる」

男の人が話しかける言葉を書きとめました。

ダビデの都に、あなたは興味がありますか。

あれ、「ダビデの都」と書いちゃいました。シオンって山ですか？

ウ〜ン、何を書いているのだろう。

「神殿はダビデの都の東方にあり」

「mzrh[*3]=n・zrh　日の昇るところ、すなわち東はダビデにとって重

＊1『旧約聖書』の「詩篇」第48篇13〜14節の内容。上掲の文章は、1955年の口語訳聖書とほぼ一致する。「シオン」とは、エルサレムやその住民を指し、「神の都」という意味でも使われる。かつてダビデ王が陥落させたエブス人の砦《とりで》が、シオン山にあったことによる。

＊2「囲み」を意味するヘブライ語の英語表記か。ダビデの時代との関係は不明。

＊3 不明。おそらく「東」を意味するmiz-rakhという単語と関係がある。

＊4「エレミヤ書」などに出てくる城門の名。王族が出入りした。

要な場所」

「ベニヤミンの門[*4]の位置が、ダビデの都を知る鍵」

「魚の門[*5]は、ワーディ・ピーシャー」

「馬の門は、アラビア語を理解しなさい」

「谷の門は、定冠詞に注意しなさい」

「水の門は、神が宿りし神水の場所」

「y' sr'l[*6] イスラエルとは神と争う場のはずはない」

エデンの東は、私ならジェームス・ディーンを思いだしますが、あなたはやはりソドムとゴモラ[*7]ですか？

聞こえてくる言葉は、どれも意味があるようなのですが、書き手の私にとってはチンプンカンプンなので、こんな文章になってしまいました。

ただ、アミール[*8]地方に気持ちを馳せたくなりました。

シャルム・アテル・タルモン・アックプ・ハクテ・ショバイ[*9]は、人々が暮らす村だとか。

ではまた。

＊5 魚の門、馬の門、谷の門、水の門は、「ネヘミア書」に出てくる。ネヘミアは、紀元前5世紀ごろのユダヤ総督で、破壊されていた城壁と城門を再建したという。

＊6 Israel（イスラエル）のことだろう。ヘブライ語で「神に勝つ者」を意味する。

＊7 ソドムとゴモラは、エデンの東にあった町だが、背徳の罪により神に滅ぼされた。

＊8 ヨルダン川沿いの「Amir」か。

＊9 シャルム、アテル、タルモン、アックプ（アクブ）、ハクテ（ハティタ）、ショバイは、エルサレムの門衛を務める一族の名称（「エズラ記」第2章42節）。

「アーメン」はイエスがよく使った言葉！くり返される「マカリオイ」の意味とは？

ヘブル語[*1]って、どこの国の言葉なのでしょう？

「『旧約聖書』の原典は、このヘブル語なのだそうです」

「当時、ユダヤ民族が使っていました」

こんな声が聞こえました。

いつも原稿用紙に向かうと、「自分の知識にはないのでは？」と思うような言葉がポロッと出てきます。

「『旧約聖書』の原典は、このヘブル語なのだそうです」と書いてしまっていますが、なぜこのように書けたのか、「？」マークがつきます。

『旧約聖書』には興味がとてもあります。理由はわかりません。でもね。

今日も何を書けるのかわからないまま、感じたままと申しますか、

＊1 ヘブライ語のこと。66〜67ページ＊1、＊3を参照。

＊2 ヘブライ語で「まことに」「確かに」を意味する。

＊3 イエスは「アーメン」といってから説教を始めることが多かったという。日本語の新約聖書では、「はっきりいっておく」「よくいっておく」「まことに」などと訳されている。

聞こえたことを交えて書いていくことにいたします。

「聖書は神の霊力によって書かれたものです。

神は、神が選びしユダヤ民族の預言者に言葉を託しました。それが聖書です」

「アーメン[2]とは『真実』『まことに』を指す言葉です」

「イエス[3]がよく使った言葉がアーメンだったとか」

「マカリオイ[4]、マカリオイ〜!」

どういう意味かわからないのですが、私には「幸いな、幸いな」といっているように聞こえます。

「ブニューマ[5]・ハギオンが降りてくる」

ブニューマ・ハギオンとは、どういう意味なのでしょうか。

このブニューマ・ハギオンが、私に近づいているような気になるのは、なぜなのでしょう。

今日もまた、わけのわからないことを書いてしまいましたが、マカリオイという言葉で終わりにします。

＊4 ギリシア語で「幸せだ」を意味する。イエスによる「山上の垂《すい》訓《くん》」(「マタイによる福音書」第5〜7章)は、「心の貧しい人々は、幸いである。天の国はその人たちのものである」ではじまるが、その冒頭の言葉が「マカリオイ」であり、説教の中で9回使われる。また、ここでいう幸せとは、「神の祝福を受けている」という意味である。

＊5 プニューマ(プネウマ)・ハギオンのことだろう。ギリシア語聖書で「聖霊」を意味する。なお、『新約聖書』の原文は、コイネーと呼ばれるギリシア語で書かれたことも申し添えておく。これは、当時の地中海地方では、コイネーが共通語であったためだ。

『最後の晩餐』にはイエスが愛したマグダラのマリアが描かれている!?

レオナルド・ダ・ヴィンチの『最後の晩餐』[*1]は有名です。

ダ・ヴィンチは、どのような思いでこの絵を描いたのでしょう。キリスト様は、処刑を前にして自分を裏切った人のことを話されたのでしょうか。

ダ・ヴィンチの『最後の晩餐』を見ていますと、キリスト様が衝撃発言をしたようにも見えてきます。

向かって右にいる人の、1本指を立てた姿は「ひとりですか?」と聞いているようにも見えます。

また、ひとりの女性[*2]は、すでにそのことを知っているようにも私には映ります。

この一枚の絵から人々の心の内が見えそうになるくらい、この絵の力はやはりすごいと思うのです。

*1 左の作品である。

私は宗教に興味がないというのが正しい心の内ですが、イエス・キリスト様となると、宗教とは別の意味での興味が湧いてきます。

イエス・キリスト様も人間です。

人間イエス・キリストとして見ると、彼ほどの人がもてないはずがないという結論が、私ごときから出てしまいます。

キリスト様は「独身ではなかった」とも思ってしまうのです。「愛された弟子」[*3]とは、もしかすると女人《にょにん》だった気がします。妻を弟子に変換したのかもしれません。

以前にも書いた気がしますが、イエス・キリスト様は、十字架にかけられた後も生きていたように今日は思えてきました。

キリスト様は処刑後、生涯、足が不自由になったようにも感じられます。

もしかすると大昔、日本にキリスト様の血を引く人がやってきたのかもしれません。

＊2 イエスの向かって左の人物をいっているのだろうが、これはヨハネである（マグダラのマリアを暗示するとの説もある）。

＊3 『新約聖書』外典の「フィリポによる福音書」には、イエスがすべての弟子よりもマグダラのマリアを愛しており、しばしば彼女の口に接吻した、という記述がある。マグダラのマリアがイエスの妻だったとする説も古くから存在し、映画『ダ・ヴィンチ・コード』で広く知られるようになった。

「パントテ　カイレテ」
あなたがたは、いつも喜んでいなさい

私は「霊」という言葉に抵抗を感じます。それは、子供のころから私のことを特別な思いで見守ってくれている「不思議な世界の方々」が「霊」だとは思えないからです。

でも、近著『聞いてビックリ「あの世」の仕組み』（東邦出版）を執筆中、人間が死後の世界を信じてやまないのは「霊」の世界があるからだと思いました。

ヘブル語[*1]の「ルーアハ」は、風・息・霊を表す言葉だとか。

ここでいう霊とは「聖霊」のことです。

ギリシア語でも「プニューマ」[*2]は、心と霊を意味する言葉です。

私はときおり、こうして聞き慣れない言葉を教えていただきますが、言葉には人々の魂が宿っていると思っているのです。

ゲーテはいいました。

＊1　ヘブライ語のこと。

＊2　プネウマともいう。

「外国語を知らない人間は、自分の国の言葉を知らない」と。

だからといって、英単語も少ししか知らない私が何も申せませんが、よくよく考えてみますと、日本語すら「?・」がつきます。

私はキリスト教徒でもないし、ほかの宗教を信奉してもいませんが、宗教から大昔の人々の息づかいを感じてしまうのです。

どの宗教も、人間が人間らしく生きるための教えです。

「パントテ　カイレテ」*3

今、このような声が聞こえました。

この意味はわかりませんが、なぜだか実行したくなりました。

「パントテ　カイレテ」

もちろん、何語かもわかりません。

しばし、クラシック音楽にポーッとしながら聴き入っていると、

「あなたがたは、いつも喜んでいなさい」

と、女性の声がしました。日本語です。もしかすると、「パントテ　カイレテ」とは、こういう意味なのかもしれません。

*3 「パントテ・カイレテ」は、『新約聖書』中、もっとも短い節として知られる(「テサロニケの信徒への手紙Ｉ」第5章16節)。意味は「いつも喜んでいなさい」。「絶えず祈りなさい。どんなことにも感謝しなさい」と続く。
テサロニケの信徒への手紙は、聖パウロが書いたものだが、当時、民衆の生活は苦しく、キリスト教徒は激しい迫害を受けていた。そうした苦難のなかで、この詩句を書いたことに深い意味が見いだされる。

照の日記 ── 2

脇目もふらず、
一心不乱に何かに取り組む。
最近、あまりできていませんが、
心が明るくなることに一生懸命、打ち込んでみると
楽しい時が過ごせる気がします。

第３章

不思議の国ニッポン

ポセイドンと須佐之男命はそっくり!?
天岩戸事件の知られざる裏事情とは？

いつもながら、不思議な世界の「風呂敷おじさん」は、じつに楽しいお話をしてくれます。おかげさまで、心に春が来たような思いになりました。感謝。

では、お聞きしたお話をお読みくださいませ。

ギリシア神話のポセイドン[*1]と須佐之男命《すさのおのみこと》[*2]は、お姿と顔立ちがそっくりなのです。少なくとも私が見たおふたかたは、服装が違うだけに見えました。

この神々が誕生された場所が、ムー大陸だったのでは、という気さえしています。

父神イザナギの命[*3]によって追放されたそうですが、どうやら黄門様のように、漫遊の旅へと飛びだすきっかけを探っていたようなのです。彼ほど多くの誤解を残した神はなく、高天原《たかまのはら》での行動と天照《あまてらす》

＊1 ギリシア神話の海神。兄弟のゼウス、ハデスとともにクジを引き、海の支配者となった。

＊2 日本神話の神（以下、スサノオと表記）。父神イザナキの命により、アマテラスは高天原《たかまのはら》、ツクヨミは夜の食国《おすくに》、スサノオは海原の支配者となった。

大御神《おおみかみ》とのやりとり*4は有名なのですが、じつのところは、自由になりたかったというのが本音のようです。

だから、追放されることこそ彼が望んだ結果で、姉のアマテラスも、そんな弟の気持ちを知っていたので、天岩戸に押し込められたふりをしたようです。

疫病神扱い*5をされながら、出雲では八岐大蛇《やまたのおろち》を退治して英雄となりました。しかし、彼は心の中で、次なる地を韓国と決めていたようです。

私は、ほとんど日本神話を知りませんが、須佐之男命の名前くらいは知っています。でも、神々にも性格があったのかと思うと、日本神話が身近に感じられました。

このお話が真実かどうかはわかりませんが、風呂敷おじさんが私の心を和ませてくれたのは真実です。

出雲に王朝*6があり、初代天皇が須佐之男命だったともいっておられました。

＊3 スサノオが、亡き母のいる根《ね》の堅洲国《かたすくに》へ行きたいと泣くばかりで、海を統治しなかったため、怒ったイザナキが追放した。

＊4 高天原で乱暴狼藉を働いたが、天照大御神（アマテラス）との誓約《うけい》によって自分にはやましいところがないと証明した。

＊5 『備前国風土記《びぜんのくにふどき》』逸文によれば、蘇民将来《そみんしょうらい》説話に登場する疫病神（武塔神《むとうしん》）が、スサノオと名乗って正体を明かした。

＊6 八岐大蛇《やまたのおろち》を退治したスサノオは、奇稲田姫《くしなだひめ》をめとって出雲の須賀に宮を建造し、葦原中国《あしはらのなかつくに》の礎を築いた。

「産巣日」と「おむすび」は、命と食の尊さを日本人に教えている

日本にも神々が多くおられます。

[*1]「天照大御神《あまてらすおおみかみ》」「月読命《つくよみのみこと》」「須佐之男命《すさのおのみこと》」は三貴子[*2]といわれるそうですが、わが国の神々の名前は、私には覚えにくく感じられます。命[*3]と書いて「みこと」とは、なかなか頭の中に溶け込みません。

神々には申し訳ないのですが、その存在を思い起こすのは、お正月に初詣をするときと、旅先で神社に立ち寄って手を合わせるときと、困ったときくらいです。

神とは、いったいどんな方々なのでしょうか。

神に近い人が天皇[*4]なら、やはり神々も、かつては人間であったのかもしれません。また、神の存在を信じる者と信じない者とでは、人生観に違いがあるように思います。

でも、今日はあまり難しく考えることはやめて、日本神話の世界

＊1 天照大御神《あまてらすおおみかみ》、月読命《つくよみのみこと》、須佐乃男命《すさのおのみこと》というのは『古事記』における表記。『日本書紀』では天照大神、月夜見尊、素戔嗚尊（別の表記もある）。

＊2 伊佐那岐命《いざなきのみこと》が黄泉国《よみのくに》から戻り、穢《けが》れを落とすために川で禊《みそぎ》をしたとき、最後に生まれた「三柱の貴い子」という意味。

＊3 『古事記』では、上位の神に何事かを命じられた神が「命」と呼ばれる。

＊4 『古事記』も『日本書紀』も、天皇家を天照大御神の子孫と位置づけている。

をほんの少し散歩してみようと思っています。

さてさて、どんなことを書かせていただけるのでしょう。

「今日は『古事記』に登場する食について教えましょう。」

始まりますよ！

今日は私、何だかとってもウキウキします。

調理をして食を楽しめるのは地球で、いえ、宇宙で人間だけだと思っていますから。

「『産巣日』[*5]と書くと、どんな食べ物を想像されますか」

頭の中には何も浮かびません。もしかして、産みたての卵のことですか？　う〜ん、わかりません。

「おにぎりのことです」

「昔から、おにぎり[*6]ってあったのですね」といったら、「ウフフ」と笑われたような気がしました。穏やかな艶のある女性の声です。

「奈良時代の人々は、今の日本に住む人たちとは違い、食べ物を大切にしていましたからね」

＊5 『古事記』『日本書紀』に見える「産巣日」ついては、産霊、魂とも書く。一般に「ムスビ」と読むが、古くは「ムスヒ」とした。万物を生み、成長させる霊妙な力を意味する言葉だ。「不思議な世界の方」は、「ムスビ」という音を「おむすび」に結びつけているものと思われる。

＊6 最古のおにぎりは、弥生時代の遺跡（杉谷チャノバタケ遺跡）から出土している。

「あなたがたは、母なる生命の一部分を授かり、今世に生まれてきます。そして、自分の命を保つために食事を取ります。その食事は、天と地の力でつくりあげた生命たちです。

あの時代の人々は、万物・天地に日々感謝の気持ちを持っていました。食事は、命を続けさせていただくためのもので、もっとも大きな神の恩恵によってつくりあげられたと信じてもいました。神霊や霊力が食事に宿り、生命力をもたらすと思っていたのです。『日本書紀』では、おにぎりのことを『産霊』といっています。よい言葉ではありませんか。『おにぎり』ひとつにしても、神々への感謝の気持ちを言葉にしていたのです。

あなたがたは、少し反省をする時期にきているのではありませんか？　コンビニにいつもある『おにぎり』を、あの時代の人が見たら、どんな思いを抱くでしょう。

『おにぎり』のことを『むすび』ともいいますが、むすびの『むす』[*7]は、生命のことですよ。

*7「ムスビ（ムスヒ）」の解釈については諸説あるが、国学者の本《もと》居宣長《おりのりなが》は、「ムス」は「むすこ」「むすめ」「苔むす」などの「むす」と同じで、生命が成りいでることだと解釈した。「ヒ」とは、霊妙な働きを意味する言葉。「神霊」を表すこともある。

*8 イザナキノミコトは、死した妻イザナミノミコトを追って黄泉国へ下るも、妻の変わりはてた姿

今夜は食事をされるとき、命の糧《かて》である食べ物に『命をいただき、ありがとうございます』といってから食事をしてください」

よいお話が聞けました。幸福とは、おにぎりを口にできることを喜べる心根からしか味わえないこともわかりました。

あの時代の人々は、食べ物をただの「食べ物」と見るのではなく、「神なる力が宿る物」と思っていたので、食べる前には必ず祈りを捧げていました。

そうそう、桃には悪霊を追い払う霊力があると信じられていました。『古事記』には、イザナギノミコトが、この桃を追手に投げつけて*8、黄泉国《よみのくに》から逃げ帰った物語が書かれています。

小豆の赤は魔除けで、呪力が強く、*9女神の鼻から生まれたとされています。

ニンニクのことは蒜《ひる》といいます。

*10ヤマトタケルは、この蒜を、白鹿に化身した山の悪霊の目に投げつけて退治したそうですよ。

を見て逃げ帰ろうとする。その途中、黄泉醜女《よもつしこめ》に追われたので、葡《ぶ》萄《どう》や筍《たけのこ》でさえぎり、最後に桃を投げつけて撃退する。これにより、桃には意富加牟豆美命《おおかむづみのみこと》という名が与えられた。

*9 須佐乃男命に切り殺されたオオゲツヒメの頭から蚕《かいこ》が、目から稲が、耳から粟《あわ》が、鼻から小豆が、陰部から麦が、尻から大豆が生まれたと、『古事記』にある。

*10 ヤマトタケルが蝦夷《えぞ》を平定して大和へ帰る途中、足柄山の坂の神が白い鹿に化けて姿を現した。食べかけのニンニクを投げつけると、それが目に当たり、鹿は死んでしまった。これは『古事記』に見える記事である。

リス氷河期には北京原人が日本でナウマンゾウを狩っていた!?

今日も何が飛びだすのか「楽しみ、楽しみ」と、この言葉に節をつけて歌ってみると、ナウマンゾウ[*1]の狩人たちを乗せた船が、目の前を通っていきました。

「北京原人[*2]だ!」

と、だれかが大声を出したので、右手に去っていく幅90センチほどの船に乗った人たちを、見送るかのように見てしまいました。

「今のは何だ?」

今日も面白い。私にしか見えない世界を楽しんじゃおう。

あれ、車になんか乗っていないのに、カーレースとまではいきませんが、目の前の画面がビュンビュンと動いています。

大和IC[*3]の標識が見えたかと思ったら、下りていきます。

「国道4号線[*4]に出ます」

＊1　ナウマンゾウは、遅くとも40万年前には出現し、約2万年前に衰滅した。南方から日本に移動。野尻湖で大量の化石が発見されている。

＊2　北京市の周口店で発見された化石人類。68〜78万年前のものと推定されている。東アジア人の祖先という説（多地域進化説）もあるが、現在では、すべての人類（新人）は、アフリカに出現した単一の祖先集団に由来するとの説（単一起源説）が有力。

＊3　宮城県黒川郡大和町にある東北自動車道のインターチェンジ。

＊4　東京都中央区から青森県青森市へいたる国道。

女の人の声。カーナビのあの声に似ています。

「着きました。仙北平野[*5]の西端です」

この声は、ナビとは違います。

目の前に広がるのは生い茂った草原。まさか北京原人が、こんな場所にいるはずがないと思ったものの、本物の北京原人が現れたらどこに隠れようかと、トイレのある方向をふり返ると、

「東シナ海[*6]を歩いてきたよ」

と、人の声。北京原人がしゃべった？　それも日本語で。

心の中で「東シナ海を歩けるはずがないのに」と思ったら、「あのあたりは大平原だったのだ」ですって。

「リス氷河期[*7]のころの日本列島というと、九州は朝鮮半島と陸つづき、カラフトも陸つづき」

なぜか、こんなことを書いてしまいました。

「中国からこの地に来た者もいた。中国の遺跡と、ここから出た石器の型は同じだし、製法も同じじゃ」

＊5　宮城平野の北部をいう。西端というのはおそらく左のあたり。

＊6　太平洋西部の海。

＊7　35～30万年前から、13万年前までの氷河期。氷河期には海面が低下することが知られている。たとえば約2万年前の最終氷期の最寒期には、海面が全世界で120メートル低下し、日本列島は大陸と地つづきだった。リス氷河期にも同様のことが起こっていた可能性はある。

こうなったら、聞けるだけ聞いて、書けるだけ書きましょう。

リス氷河期の日本列島は楽園[*8]だったようです。[*9]日高山脈や中央アルプスに白いものが見えるものの、緑が美しく、人々の心を癒すには最高の環境でした。

不思議な世界の方が話されるには、あのころの北京原人は、どんなに遠く離れていても、生きられる場所を察知する、神業《かみわざ》のような勘を手にしていたそうです。私たち現代人が失ってしまいつつある勘を、彼らは持っていたのです。

この日本列島にナウマンゾウやオオツノシカ[*10]が住んでいたことも、現代社会を生きる私には、今ひとつピンときません。

私たちのご先祖様は縄文人だといわれていますが、こうして国道4号線と大和ＩＣと、仙北平野の西端がヒントになる場所に北京原人が暮らしていたのが事実なら、時を重ね、重ねして、現在まで北京原人の血が受け継がれてきたのでしょうか。そう思うと、何ともいえない気持ちになります。それと、「前世」について、いったい

＊8〜9 リス氷河期に氷床が出現したのは、スカンジナビア半島を中心とするヨーロッパ北部と、アルプス山脈などの高山地帯。日本では、日高山脈や日本アルプスの山頂付近に氷河が見られたが、低地には存在しなかった。ただ、楽園であったかどうかは不明。

＊10 200万年前から1万2000年前に、ヨーロッパからアジアの中北部に生息していた大型のシカ。野尻湖では、ナウマンゾウに次いで多くの化石が発見されている。

どこまでさかのぼって前世というのだろうか、とも思います。

長野県の野尻湖[*11]は、ナウマンゾウやオオツノシカが、とても暮らしやすい環境だったようです。彼らもまた、遠い地から大移動をしてやってきた生き物たちです。

土壌菌は、自然界の変化を感じ取り、そのとき、その場所の生態系に合った働きをします。自然界のすばらしさは、たとえ明治神宮のように人工の森であっても、25年も経てば、ごく自然な営みの社会をつくりだせるところです。

野尻湖に住んでいた人々が、ナウマンゾウやオオツノシカを初めて見たとき、どんな思いを抱いたことでしょう。

このころ日本海は、「日本湖」[*12]でした。

どうです？　小さな悩みが吹っ飛びませんか？　ご先祖様のご供養をとても気にかけておられる方がいらっしゃるようです。でも、北京原人にまで思いを馳せてみると、今まで感じたことのないパワーを手に入れられるかもしれません。

*11　*1、*10を参照。

*12　最終氷期の最寒期には、海面が低下したため、日本海が塩湖になっていたことがわかっている。ただ、リス氷河期にもそのような現象が起こったかは不明。

日本人の祖先となった人々は、ロシアのバイカル湖から歩いてきた！

「[*1]バイカル湖と北海道のサロマ湖とは、深い縁がある」

こんなことを書くと、「それってどういう意味？」と、思われることでしょうね。

今から[*2]2万5000年前から約1万2000年前、バイカル湖からサロマ湖へと人々が移動していたといったら驚きますか。

「日本人の起源」というと、あなたはどう思われますか。

私は、バイカル湖からサロマ湖までの道のりを移動した大昔の人々のすごさを感じます。何よりも、日本人の起源を知ることができたならば、それこそ私たち人間は皆「地球家族」といえるのではと思います。

縄文時代は、[*3]1万年間も続いたといわれます。

縄文時代は、[*4]ヴェルム氷期が終わりに近づいていたころでした。

＊1　ロシア南東部にある世界最古の湖。

＊2　2万5000年前は、北海道とサハリンが大陸とつながっていた。縄文人の祖先は、ユーラシア大陸北部から日本へ渡ってきたといわれている。

＊3　縄文時代は約1万2000〜1万4500年前に発生し、紀元前4世紀ごろまで続いたとされている。

陸上にあった氷[*5]が海水を上昇させ、大陸とその周辺の島々とが、海によってハッキリと区分された時代です。

５０００年前の関東地方の海岸線って、想像できますか？　私はその地図を不思議な世界の方から見せていただきました。今とはずいぶんと海岸線が違います。

九十九里浜は、現在よりかなり奥に海岸線があります。東京湾も、「奥東京湾」[*6]と書かれた部分を見ると、現在とはかなりの違いがあります。利根川の流れも今とは異なり、川周辺には人々がたくさん住んでいました。

この地図を見ていると、今の地図とあまりにも違うので、何ともいえない気持ちになります。

現在の地名は書いてありませんので、愛用の地図を見ながら気になる場所を捜してみると、神奈川県の夢見ヶ崎動物公園の上、中原[*7]区になるのかなあ。このあたりに、縄文時代の名残があるように思えてしまいました。

＊4　ヴルム（ヴュルム）氷期のことだろう。１万年前に終了した、いちばん新しい氷期である。

＊5　陸上にあった氷が「溶けて」海水を上昇させた、の意か。

＊6　古い時代の東京湾。左は約６０００年前の海岸線（「地形と貝塚分布より見たる関東低地の旧海岸線」１９２６年／東木龍七）。

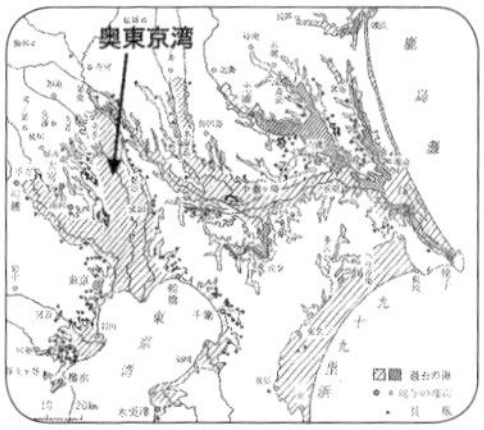

＊7　川崎市中原区の神庭《かにわ》遺跡には、縄文時代の集落がある。

十和田湖の周辺と湖底には、はるか古代の文明が眠っている？

秋田県の皆様、鹿角市《かづのし》の大湯町[*1]って、どんなところですか？

「UFOがよくやってくる町だ」

なぁんて、だれかが話している声が聞こえたのです。

だれかって、不思議な世界の方なのか、それともUFOを目撃した人のつぶやきなのか、今ひとつわかりません。

まさかとは思ったのですが、古代人の残したものとは、やはりストーンサークルでした。一度、足を運んでみたくなりました。

「大湯町って、あるのかなぁ」と、ふと思ったりするのですが、心の中で「ある、ある！」と、自信たっぷりな私がいます。

十和田湖[*2]にすばらしい古代文明[*3]が沈んだとか。いったいどんな文明だったのでしょう。

今から4000年前[*4]までは、確かにこのあたりに古代文明が息づ

*1 正しくは鹿角市《かづのし》十和田大湯字。大湯環状列石（ストーンサークル）は、国の特別史跡に指定されている。その北東には、ピラミッドではないかと噂される黒又山《くろまたやま》があり、この近辺は、UFOの目撃情報が多いことでも知られる。

*2 十和田湖は、火山活動によって形成されたカルデラ湖。湖ではあるが、現在も活火山の指定を受けている。20万年前から活動し、近い時期では約1・3万年前、約6500年前、延喜15年（915年）に大噴火が起こった。915年の噴火では、火山灰が東北地方一帯を覆ったという。

*3 古代文明ではないが、秋田市の胡桃館《くるみだて》遺跡など、噴火にともな

いていましたが、大地震と大洪水が起き、火山灰の奥底に埋まってしまったようです。

世界のいたるところに、人々を魅了する地があるといいます。「パワースポット」というのですが、日本にも、他国のパワースポットに負けない地があります。それが十和田湖周辺です」

*5「十和利山《とわりやま》には裸足で登れ」ともいわれましたが、ケガをしそうで「ごめんなさい」といいたくなりました。でも、足場がよくて、安全を確かめながら裸足で登れば、古代人、いえ、天空人を偲ぶことができるかもしれません。

秋田県鹿角市が、すごい場所のように思えてきました。

そうだ、地図を見てみましょう。

十和田湖、見つけ。

大湯川、見つけ。

大湯も見つけました。ああ、「大湯ストーンサークル」と、赤い字で書いてありました。


う洪水によって埋没した遺跡は確かにある。

*4 大湯環状列石は、約４０００年前の遺跡とされる。また青森市の三内丸山遺跡は、約５１００年前～約３８００年前に営まれた集落だ。年代的に、何らかの関連性があるのかもしれない。なお、この年代は、エジプト文明やメソポタミア文明より古いことにも注目しておきたい。

*5 十和田湖を囲む外輪山のひとつ。オカルティストの酒井勝軍《かつとき》は、十和利山《とわりやま》を日本のピラミッドであるとした。また、古史古伝のひとつ『竹内文書』によれば、十和利山のふもとには、かつて華麗な都が栄えていたという。

「なぁんだ、だれもが知っていたんだ」と思ったものの、この字を見つけたときから心が躍りだし、興奮が収まりません。

ただね。地図を見ていて、「東北自動車道をつくらなければよかったのに」と、少しだけ思ってしまいました。

なぜかと申しますと、小坂*6ＩＣから十和田ＩＣの間に、何か大切なものがあったような気がするのです。ちょっぴり残念。

*7発荷《はっか》峠から滝ノ沢峠までは、気が高まる場所ですよ、とも書きたくなりました。この区間で上空を見上げると、ＵＦＯが見えるような気もしてきました。

私はＵＦＯ研究家ではありませんし、ＵＦＯに特別な思いもありません。でもね。やっぱり見てみたいと思うひとりです。

いつかご一緒に、発荷峠から滝ノ沢峠までを歩きましょうよ。

もしかするとね。

このあたり一帯は、古代人と天空人が仲よく文化を共有したか、それとも、天空人から磁力線*8を教えてもらった場所かもしれないと

*6 地図上では●付近に該当。

*7 位置については右図参照。

*8 昭和15年に湯村哲男が行った調査によると、十和田湖付近の磁力線は、県内で最大異常値を示した（「秋田県に於ける地球磁気分布（第一報）」による）。

*9 古史古伝のひとつ『東日流外《つがるそと》三郡誌《さんぐんし》』に記されている民族。ユーラシア大陸より渡来し、神武天皇の時代より古くから東北地方に住んでいたという。なお、『東日

思います。

石の力を知りつくしていた天空人が、地球の石の力に魅せられ、世界各地にストーンサークルをつくったようにも思えてきました。

アソベ族[*9]の血を引く人々は、この地を歩くと、石から聖なる力を受け取れるかもしれません。また、十和利山を見るだけで、天空人との語らいができるかもしれません。

巨石に思いを馳せた天空人。

きっと天空人の故郷の星には、巨石の連なる大地があるのでしょう。天空人をかたどった土偶[*10]も、もっと出土してもおかしくないと、不思議な世界の方は話されます。

私たちが心の奥底で待ち望んでいるものが、この地にはあるように思えました。

「東日流外郡」[*11]には、古代人、いいえ、天空人の何かが読み取れるかもしれません。

来年の春ごろ、行ってみようかなぁ。


流外三郡誌』は、1970年に、青森県五所川原市在住の和田喜八郎が、自宅で発見して市浦村に提出。同村から史料として刊行されて大反響を呼んだ。

＊10 縄文時代につくられた遮光器土偶のことだろう。宇宙服を着た人間のようであり、古代文明の存在を示唆するという説は、前項で触れた『東日流外三郡誌』に端を発するといわれる。また、遮光器土偶が、縄文時代に広く信仰されたアラハバキ神を模したものであるとの説も、同書がルーツ。

＊11 『東日流外三郡誌』のことだろう。＊9〜10を参照。

「魏志倭人伝」が書かれた当時の風俗は、海南島によく似ているかもしれない

遺跡には、大昔の人々の生きざまが見えます。

中国と日本の関係を、こうした遺跡から感じとることができるかもしれません。

*1「魏志倭人伝《ぎしわじんでん》」に何が出てくるのか、私にはわかりませんが、「あのころの風俗が、海南島*2の人々によく似ています」と、不思議な世界の方が教えてくださいました。海南島がどこなのか知りたくなりますが、見つけられませんでした。

私ね。言葉って不思議だなあ、と思っています。

日本語はいったい、どのようにしてつくられたのでしょう?

韓流ドラマを見ていると、日本語と同じ言葉を同じ意味で話す場面が出てきます。

「魏志倭人伝」に登場する道*3があるといいます。*4新羅《しらぎ》と仲よくする

*1　3世紀末に成立した『三国志』中の、「魏書《ぎしょ》」にある「東夷《とうい》伝倭人条《でんわじんのじょう》」の通称。倭（日本）の地理や習俗が記されている。

*2　南シナ海北部の島。1世紀に成立した『漢書地理志《かんじょちりし》』にある海南島の記事と、「魏志倭人伝」の内容を見くらべると、どちらの住民も貫頭衣《かんとうい》を身につけ、稲と苧麻《ちょま》を栽培し、養蚕をして絹をつくっていた。また、顔や体に入れ墨をする習俗も共通している。

*3　邪馬台国へいたるルートが記されてはいるが、どこをどう通ったかは依然として謎である。

*4　4～10世紀に朝鮮半島に存在した国家。日本はたびたび軍事的進攻を行った。

*5　ウイグル語と日本語は、主語・目的語・術語などの語順が同

ことができていたら、もしかすると、「魏志倭人伝」にはもっと違うことが書き記されていたかもしれません。

現在でも、航海は自然との戦いの場です。今からずいぶんと昔、縄文時代のことだとしたら、航海の困難さは想像がつきます。

日本語については、意外とウイグル語[*5]とは親戚のように似たところがあるかもしれません。

現在の社会では、国分けをしてしまっていますが、大昔の人々はきっと今より自由だったのだと思います。

モンゴルで暮らした遊牧民が、馬に乗って日本にやってきたとしたらどうでしょうか。今は「〇〇人」[*6]などといいますが、私やあなたの血の中に、もしかするとツングース系の満州語[*7]を話す人々の血が入っているかもしれません。

インド[*8]、イラン、トルコだって、主語や述語の使い方が日本語と似ているかもしれません。

やっぱり地球家族なのですよ！

じで、主語がなくても文章が成立するなどの類似点がある。

＊6 かつて東洋史学者の江上波夫が、4〜5世紀に騎馬民族が日本へ渡来し、大和を征服したとの仮説を唱えたが、現在では、大規模な流入はなかったとの見方が一般的。ただ、遺伝子研究の結果、スキタイ系騎馬民族に見られる遺伝子が、九州と徳島で数パーセント確認され、小規模な流入があったことの証左となっている。

＊7 遺伝子研究の結果では、現在の日本人は、土着の縄文人と、朝鮮半島経由で渡来した弥生人との混血。満州語を話す人々の血が入っていてもおかしくない。

＊8 ヒンディー語、ペルシア語（イランの公用語）、トルコ語は、日本語との類似がある。

古代日本の海を往来した阿曇族が、邪馬台国と金印の鍵を握っている！

今から230年前のことです。

福岡市の志賀島《しかのしま》の農民だった甚兵衛さんが、田の溝の修理をしていたところ、かの有名な金印を見つけました。当時、日本の年号は天明。甚兵衛さんが金印を見つけたのは、天明4年だったようです。当時の将軍は徳川家治《いえはる》。祖父の吉宗《よしむね》が、自ら帝王学を教えたくなるほど利発だった家治ですが、金印が見つかった[*1]2年後に世を去りました。また、金印発見の1年前には、信州佐久郡の[*2]浅間ヶ岳が大噴火を起こしました。

[*3]「倭《わ》は、韓の東南の大海の中にあり」

浅間ヶ岳とはまったく関係のない言葉が浮かびました。

「[*4]百余国が山島に居《きょ》をなす」

わからないまま、書けるだけ書いてみましょう。

＊1 金印の発見は1784（天明4）年、家治《いえはる》が没したのは1786年。

＊2 浅間山のことだろう。1783年に「天明の大噴火」が起こった。

＊3〜5 「魏志倭人伝《ぎしわじんでん》」の一節と思われる。原典の一般的な書き下し文は以下のとおり。「倭人は帯《たい》方《ほう》東南の大海の中にあり。山島に依《よ》りて国邑《くにむら》をなす。旧百余国。漢のときに朝見する者あり。今使役《しえき》通ずるところ三十国なり」

＊6 金印に刻まれている文字。

＊7 「魏志倭人伝」に見える伊都《いと》国《こく》のことだろう。福岡県糸島市または福岡市西区付近と考えられている。大陸との外交の拠点で、邪馬台国と同じように王がいた。

＊8 苅田町には、3〜4世紀に築

「漢[*5]と通ずる国、三十余国」

「漢[*6]委奴国王」

「漢が認めし、イト[*7]国王」

イト国王ってだれのことで、どこの国の王なのでしょうか。

急に、福岡県の苅[*8]田町に行きたくなりました。

「阿曇族《あずみぞく》[*9]が金印の答えを出す」

こんなことを書いて何がわかるのでしょう?

「石人《せきじん》[*10]って、漢人ですって」

「鞍《くら》[*11]にまたがった貴人は女王なのですって」

「岩[*12]戸山はどこにあるのですか」

今日もわけのわからないことを書いてしまいましたが、興味がおありの方は解読してください。

甚[*13]兵衛さん! もしかしてそのあたり、あなたが見つける数年前に水の被害はありませんでしたか? 答えは帰ってこないだろうけれど、金印には私、興味があります。

造された石塚山古墳があり、三角《さんかく》縁神獣鏡《ぶちしんじゅうきょう》などが出土しているが、伊都国との関係は不明。

＊9 古代日本の海人族。志賀島《しかのしま》を本拠地として、古くから大陸との交易を行った。

＊10 古墳に配列された石の彫像。馬の彫像なども含めて「石人石馬《せきじんせきば》」という。埴輪の一種とされ、福岡、大分、熊本を中心に分布。漢民族がモデルだったのか?

＊11 石馬には鞍《くら》がついているが、女王との関係は不明。

＊12 福岡県八女市にある岩戸山古墳のことか。筑紫君磐井《つくしのきみいわい》の墳墓とされ、石人石馬が100点以上、出土している。

＊13 詳細は不明。

徐福と技術者たちを乗せた船団は、やはり日本に到着していた？

秦《しん》の始皇帝[*1]のことが、朝から気になって仕方がなかったら、それらしいお話が聞こえてきました。

「彼は、アメリカ大陸を目指していた」

「本当かなあ」と、疑ったりはしません。また、「日本列島を手に入れたいと思っていた」というのは、よくわかる気がします。

不老長生[*2]の霊薬のお話は有名ですが、彼ほどの人が、このことだけを目的にしていたとは思えないのです。霊薬捜しだけが目的だとしたら、大がかりすぎるような気がします。

だってね。85隻[*3]の船に30年[*4]分の食料を積み、500人[*5]もの人が乗っていたというではありませんか。しかも、この船団は見事に姿[*6]を消したというのですから、興味が湧いてしまいます。

秦の始皇帝は、日本列島に夢の国を築きたいと、いつのころから

＊1 紀元前3世紀の皇帝。中国統一をなしとげた。

＊2 紀元前1世紀に成立した中国の歴史書『史記』によると、始皇帝の命を受けた徐福《じょふく》が、若い男女3000人と大勢の技術者をともない、不老不死の霊薬を求めて東方へ船出したという。徐福一行が漂着したという伝説は、本州と九州の各地に残っている。

＊3~5 これらの数字は、『富士古文書（宮下文書）』に記された徐福に関する内容と一致する。この文書の成立年代などは不明で、

か思っていたような気がします。

自然界が相手の航海です。沈没といったアクシデントが起きたとしても、85隻もの船すべてに被害があったとは思えません。徐福《じょふく》なる人が、金・銀・鉄・銅とともに日本に上陸して、小国をつくっていたとしたらどうでしょう。

船員には大工もいたし、狩猟・農業・鍛冶・石工・鋳造・医術に通じた人たちも乗っていたのですから、どこに降り立っても国はつくれます。特に石工職人は、腕のいい人が乗っていた気がします。始皇帝と徐福との関係も[*7]、その後の物語もわかりませんが、東海に出帆した船団に、始皇帝が思いを馳せていたと想像すると、胸の内が熱くなります。始皇帝の時代と、仁徳天皇陵[*8]がつくられた時代は符合しますか？　結びつけて考えると楽しくなってきます。

[*9]『丹後国風土記《たんごのくにふどき》』に出てくる浦島太郎の物語も、遠い国からきた人々が、ふと気づいたら祖先の渡来から300年が経っていたというお話のように思えてなりません。

いわゆる古史古伝のひとつに数えられる。

***6**『古事記』『日本書紀』には徐福に関する記事がまったくないため、このように表現されることがある。

***7** *1〜2を参照。

***8** 仁徳天皇陵（大仙陵古墳）の築造は5世紀ごろと考えられているので、始皇帝の時代とは約800年の差がある。

***9** 浦島太郎の物語の原型とされる「水江浦島子《みずのえうらしまこ》」の伝説が記されている。

日本の神社のつくりは古代ユダヤの神殿に似ている？

「アブラ・カタブラ」[*1]

この言葉と文字には魔術の力があると信じられていて、古代ユダヤ[*2]の人たちは、護符に書いて身につけていたと、不思議な世界の方に教わりました。

文字は、心の内を表すもの。

現在のようにメールで文章を打つのではなく、「字を書く」。この行為を通じて、書いた人の言霊《ことだま》が刻まれている気がします。

メール送信で思いを伝えるのもいいのかもしれませんが、ここ一番は、やはり手紙のようにも思います。

不思議な世界の方々に教わった不思議な呪文「ガバジャラミタ」も、意味不明な言葉ですが、思いを字に込めて書くと、エネルギーが湧く気がします。

＊1 この呪文が登場する最古の文献は、3世紀のローマ皇帝カラカラの医師、セレヌス・サンモニクスの詩集。病苦に悩むカラカラに、左の護符をつけさせた。

ABRACADABRA
ABRACADABR
ABRACADAB
ABRACADA
ABRACAD
ABRACA
ABRAC
ABRA
ABR
AB
A

＊2 ユダヤ人が伝統的に用いてきた呪文との説もある。意味は諸説あり、「牡牛、唯一の牡牛よ」「私のいうとおりになる」「この言葉のように、いなくなれ」など。

＊3 メズザのことだろう。ドアに取り付け、入室時に触れる。

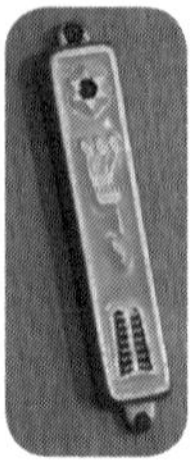

私たちは幸運を祈り、お守りに託したりしますが、もしかするとご自分で書きあげた言葉を身につけるほうが、幸運を呼ぶようにも思います。「アブラ・カタブラ」が魔力を発揮するのなら、古代ユダヤ人の思いを分けてもらって、1枚書くのもいいかもしれません。

ユダヤ人と日本人の風習には、似たところがあります。たとえばどの家庭の入り口にも、*3お守り札が貼りつけてあるようです。そういえば日本でも、古い民家には玄関にお札が貼られていました。

東映の撮影所がある京都の*4太秦《うずまさ》には、古代ユダヤ人の足跡が偲ばれる場所があるとか。*5赤い色の神社を見ると、もしかするとユダヤとの縁がわかるかもしれません。

それと、伊勢神宮と出雲大社と、古代ユダヤの神殿の中には、*6斜めに傾いた廊下があるのですって。*7神殿のつくり方も、どこか似ているというのですから、楽しくなりませんか。

「*8神道」という言葉って、ヘブライ語が起源ですって。「種族」という意味なのかなあ。

*4 太秦《うずまさ》の木嶋《このしま》坐《にます》天照《あまてらす》御魂《みたま》神社（蚕《かいこ》の社《やしろ》）には珍しい三柱鳥居《みはしらのとりい》があり、秦氏やユダヤ教との関連性を指摘する説もある。

*5 神がエジプト中の初子《ういご》を殺したとき、ユダヤ人は家の門に子羊の血を塗り、識別の印とした。

*6 詳細は不明。

*7 ユダヤ教の幕屋《まくや》（左）と神社の境内が似ているとされる。

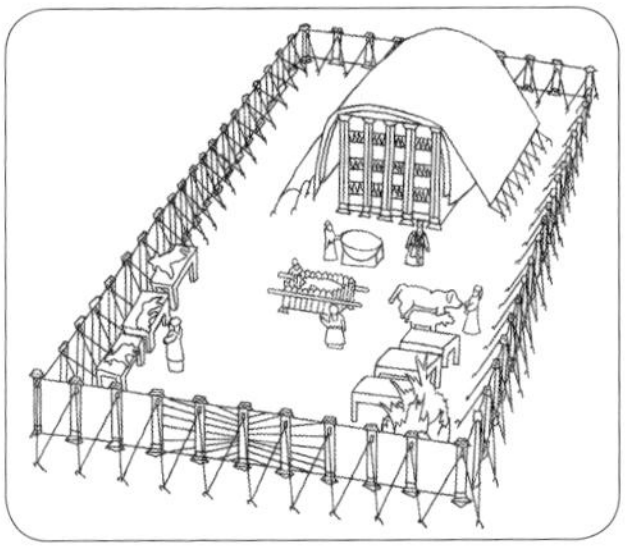

*8 詳細は不明。

「ワカタケル」の銘文を持つ鉄剣が、石上神宮の近辺に眠っている!?

何だか、稲荷山古墳[*1]にお出かけしたくなりました。

と申しますのは。中国4000年のおじちゃまが髭《ひげ》をなでなで、

「あの古墳にはドラマが多い」と話されたからです。

「以前にも照《てる》に話したと思うが、覚えておるかなぁ」

「ごめんなさい。覚えていません」

と答えたものの、「世見《よけん》」に書いた気がします。

「雄略天皇[*2]は、じつに激しい性格で、気に入らないと些細なことで処刑をするくらいだったから、身近な人々は、いつもビクビクしおってのぉ。

朝に見ゆる者は夕べに殺され、夕べに見ゆる者は朝に殺される。

雄略天皇のまたの名を大悪天皇[*3]といっておったぁ。

彼は安康天皇[*4]を暗殺し、兄ふたり[*5]と眉輪王《まよわのおおきみ》[*6]を焼き殺し、従兄弟[*7]ふ

＊1 埼玉県行田《ぎょうだ》市の前方後円墳。築造は5世紀後半とされる。115文字の銘文が彫られた「金錯銘《きんさくめい》鉄剣《てっけん》」が出土したことで有名。

＊2 第21代の天皇。在位は457〜479年。＊1で述べた「金錯銘鉄剣」の銘文に見える「獲加多支鹵（ワカタケル）大王」は、雄略天皇だとする説が有力。

＊3 大悪天皇と噂されたという記事が『日本書紀』に見える。

＊4 安康天皇は、雄略天皇の同母兄。『古事記』『日本書紀』によれば、連れ子の眉輪王《まよわのおおきみ》に殺された。

＊5〜7 人物関係が、正史とはやや異なる。正史では、雄略天皇は、同母兄の安康天皇が殺された背後に、兄の白彦皇子や黒彦皇子の企てがあると疑い、白彦皇子を生き埋めにした。黒彦皇子と眉輪

たりは射《い》殺して、天皇の座を手に入れおったのだが、彼の野望はでかかった。

　彼の動きは早く、東[*8]は埼玉、西は熊本ぞぉ。

　百済《くだら》[*9]王は、雄略天皇の志を気に入ってなぁ。稲荷山古墳の鉄剣には、百済の技法が入っておるわ。

『倭王《わおう》[*10]はわれなり』を中国の皇帝にまで届けたのだからなぁ。

　確かに暴君には見えるが、安康[*11]天皇もまた、身近な人を殺しておるわ。

　だがなぁ、なかなかの男でなぁ。大きなる器の持ち主で、ヤマト政権を拡大させた。私などから見たら、いい男ぞぉ。

　鉄剣はまだ3刀ある。石上《いそのかみ》[*12]神社の昔の祠《ほこら》あたりを捜すとよいのじゃが、草や石に覆われて、わかりにくいとは思うがなぁ」

　甲冑《かっちゅう》をつけて山を登り、川を下り、まるで猿のように素早く走り回る人々が、毛人《えみし》や海北を制覇する姿だという映像を、今見せてもらったところです。

王が、葛城円大臣《かつらぎのつぶらのおとど》の家に逃げ込むと、火を放って皆殺しにした。さらに、従兄弟の市辺押磐皇子《いちのへのおしはのみこ》を射《い》殺し、御馬《みま》皇子を処刑した。

＊8 ワカタケルの銘が入った鉄剣は、東は稲荷山古墳（埼玉）、西は江田船山古墳（熊本）で出土している。

＊9 百済《くだら》と雄略天皇は深い外交関係を結び、百済が高句麗に敗れると、雄略天皇は復興に助力し、次代の王の即位に手を貸した。

＊10 中国の歴史書に記された倭《わ》の五王のうち、「倭王武《わおうぶ》」が雄略天皇だと考えられている。

＊11 叔父に当たる大草香《おおくさか》皇子を謀殺している。

＊12 奈良県天理市の神社。布都御《ふつのみ》魂剣《たまのつるぎ》に宿る神霊が主祭神。

東北各地と北海道に残る義経伝説！
やはり平泉から落ちのびていた？

源頼朝《よりとも》ほど、運の強い人はいないかもしれません。

彼が、弟の義経《よしつね》に嫉妬[*1]などせず、ともに力を合わせていたら、日本の歴史はまた違った意味で面白かったようにも思います。

頼朝の運の強さを列記すると、

①平治の乱[*2]の後、死刑を免れる。

②流刑地で北条時政[*3]と知りあう。

③石橋山の戦い[*4]で、敵の梶原景時《かげとき》に助けられる。

④義経という弟がいたこと。

頼朝は、間違いなく何かを持っていたといいたくなります。

あの時代の戦は、一騎打ち[*5]が主流でした。お互いに名乗りを上げて戦うのです。でも、義経は違いました。鎌倉時代の武士たちの一騎打ちを見事に覆したのです。これほどの知恵者を手に入れていいた

＊1 義経《よしつね》の立場は、頼朝《よりとも》の御家人《ごけにん》。それなのに頼朝の許可なく後白河法皇から官位をもらった。また、義経は軍事的な才能はあっても、政治的センスがなかった。そのようなことが理由で、兄弟間に確執が生まれたとの見方がある。

＊2 保元《ほうげん》の乱（１１５６年）以降に勢力を伸ばした平清盛を打倒するため、源義朝《よしとも》が藤原信頼《のぶより》と結んで挙兵（１１６０年）。敗れた義朝と信頼は死ぬが、義朝の息子の頼朝は伊豆へ流刑となった。

＊3 流刑中に、伊豆の豪族であった北条時政の長女、政子と婚姻関係を結ぶ。

＊4 １１８０年に、頼朝らと平氏との間で起こった争い。景時《かげとき》は、敗走中の頼朝を湯河原町の洞窟で発見するが、あえて見逃した。

のですから、幸運の持ち主というべきでしょう。

東北の地から北海道まで、義経伝説がいくつも残っています。

1189年、義経が自害したといわれる衣川《きぬがわ》の戦い。義経を殺したくないという人々の思いが、伝説を残したのでしょうか。

義経は30歳の若さで世を去ったと伝えられていますが、江差追分《えさしおいわけ》*6は、義経を恋しがる女人《にょにん》の歌だと聞いたことがあります。

岩手県の平泉町には、義経の影武者伝説*7が残っています。岩手県では風呂*8を借りたとも伝わり、宮古市もまた、義経ゆかりの地といわれます。青森県の八戸市と東北町、外ヶ浜には渡海《とかい》伝説が残り、北海道には弁慶岬*9もあれば、妖怪を退治したといわれる矢越岬もあります。北海道岩内町には、アイヌ女性との別れを惜しんだという雷電峠*10もあるのです。

すべてが真実かという前に、源義経の名が、北海道の岩内町まで広がっていたのが不思議です。あの時代は、人伝てでしか伝わらなかっただろうと思うのは、私だけでしょうか。

＊5 武士の戦いは一騎打ちというのは俗説で、実際は集団戦が普通だった。ただ、義経が奇襲や急襲を得意としたことは事実だ。

＊6 蝦夷《えぞ》の奥地へ去っていく義経への恋に狂ったフミキ姫が、父親に切り殺される。それを哀れんだ元婚約者が奏でた調べが、江差追《えさしおい》分《わけ》のはじまりだという。

＊7 義経の影武者だった杉目小太郎が身代わりとなって、平泉で自害したとの説がある。

＊8 岩手県遠野市に「義経ゆかりの風呂家」がある。

＊9 寿都町《すっつちょう》にあり、弁慶の像が立っている。

＊10 メヌカという娘が義経に恋をしたが、義経が「来年来る」といって去ったので、雷電峠という名になったとの伝承がある。

明智光秀は家康とともに海路で落ちのび、南光坊天海として歴史に再登場した!?

1582年は、歴史が大きく変わった年でした。

3月には、信長とともに家康が武田を攻め、勝頼を自宅*1に追い込み、武田家はこのとき滅亡したのです。

本能寺の変が起きた6月2日は、大阪の和泉から堺に向けて旅をしていたといわれる家康*2。その家康もまた、命からがら伊勢*3の白子浜にたどりつき、海路で三河に戻ったのは事実だと、不思議な世界の方は話されておられます。「光秀め、やりおったなぁ」と、苦笑いをしたようです。

このとき、家康はまさかの誤算をしでかします。夜盗*4が出没するとは思ってもいなかったからです。そのために家康は、命が縮むような思いを味わいました。

家康は、三河に帰りつくと、織田家の紛争については傍観者の立

＊1 史実では、天目山棲雲寺《てんもくさんせいうんじ》（山梨県甲州市）を目指す途中、田野で敵方に追いつかれて自害したとされる（天目山の戦い）。

＊2 信長の招きを受け、5月から安土《あづち》に滞在。堺見物をすすめられて、5月30日からは堺に移動し、本能寺の変の当日は、四條畷《しじょうなわて》にいたとされている（異説あり）。

＊3 身の危険を感じた家康は、伊賀国の険《けわ》しい山道を踏破して白子浦（異説あり）にたどりつき、海路で三河の岡崎城へ帰還した。

＊4 伊賀越えの途中で、野伏《のぶし》や夜盗にあったともいわれている。

場でいようと決め、旧武田領へと向かいます。

本能寺の変後、家康は甲斐国《かいのくに》すべてと信濃国《しなののくに》の南半分を版図に入れました。すでに領地だった三河、遠近江《とおとうみ》、駿河《するが》を合わせると、5か国のトップの座に就きます。

ここで、私たちが知り得ているのとは少し違う話を、不思議な世界の方が話されました。

明智光秀は山崎の戦い[*5]で討ち取られたとされているものの、じつは光秀もまた、伊勢の白子浜から海路で三河に入ったというのです。山崎から伊勢までの道のりを手引きしたのは堺の商人でした。

その後はご存じのとおり、「海道一[*6]の弓取り」と称された家康が、信長の遺児支援を旗頭に、秀吉との戦を始めます。この戦は家康が圧勝するものの、秀吉に天下を取られてしまいます。

ここで、山崎の戦いで死んだはずの光秀が登場します。あの当時の武将の考えでは、名は命より大切でしたので、まさか光秀が自分の名を惜しげもなく捨てるとは、だれも思いませんでした。そのこ[*7]

*5 本能寺の変を知り、中国地方から引き返してきた秀吉軍を、天王山の麓の山崎で迎え撃った。

*6 海道はおもに東海道、弓取りは武士のこと。家康のほか、今川義元などもこう呼ばれた。

*7 明智光秀は山崎の戦いを生きのび、比叡山に入って僧籍を得たのち、南光坊天海として江戸幕府を支えたとの説がある。

ともあって、当時の人は光秀の死を信じたのです。今とは違い、写真もなく、ＤＮＡ鑑定もなく、首だけが証拠であった時代です。

それにしても、本能寺の変が６月２日で、その11日後に光秀が討たれたというのが今に伝わる歴史です。

もしも、ですよ。私が教えていただいたことが真実ならば、光秀は家康とともに白子浜から船に乗り、三河に入ったのです。

そもそも、明智光秀の出生[*8]には不思議なところがあるはずです。

本能寺の変が起きた１５８２年の天皇は、１０６代・正親町《おおぎまち》天皇でした。不思議な世界の方に教えられた限りでは、光秀は天皇家の血を引くひとりだったようです。それゆえに、家康にとってはどうしてもつながりを得たい人物だったと思われるのです。

織田信長打倒が、天皇側[*9]の望むことであったとしたら、本能寺の変の後、すぐに光秀が逃げ支度をして、家康と合流して三河入りをしたとしても、おかしくはないように思えます。

あのころの天皇家は、財政が逼迫《ひっぱく》していました。正親町天皇が践《せん》[*10]

＊8 光秀は、第26代・清和《せいわ》天皇を祖とする清和源氏の支流、明智氏に生まれたとされるが、父親がだれかについても複数の説がある。信長の家臣（太田牛一）が記した『信長公記』に光秀の名がはじめて登場するのは1569年。それまでの動向には定説がない。

＊9 信長と正親町《おおぎまち》天皇については、対立説も融和説もある。

＊10 践祚《せんそ》とは、先帝の崩御または譲位と同時に、神璽《しんじ》の鏡と剣を継承すること。即位とは、即位式を行って天皇位に就くこと。桓武天皇以前は、践祚＝即位だったが、それ以後は分離された。

＊11 安芸国《あきのくに》の領主からはじめ、ほぼ中国地方全域を支配下に置いた戦国大名。知将として名高い。

＊12 践祚が1557年、元就《もとなり》が

祚《そ》したときも、毛利元就《もとなり》[11]らの献金を受けて、ようやく即位[12]の礼を執り行うことができたほどです。

信長が、こうした朝廷の財政難に目をつけぬはずがありません。御所の修理、朝廷への資金援助[13]。もちろん、見返りをきっちりと受け取ってもいます。信長は天皇を動かし、勅命《ちょくめい》[14]によって浅井長政や朝倉義景《よしかげ》と講和を結んだりしはじめました。このころから朝廷では、信長を倒すための策略が、静かに進行していったようです。

ここで高野山が出てきます。正親町天皇が、高野山の堂塔《どうとう》[15]を破壊しないようにと信長に頼んだときから、天皇と信長の間には深い溝ができました。

信長の野望は、天皇の座だったのかもしれません。信長の養子[16]でもある誠仁《まさひと》親王への譲位を強く望み、正親町天皇の存在を疎《うと》ましく思っていた矢先に、本能寺の変が起こったのです。

日本の歴史は、天皇・朝廷を知らずして語れません。日本国にとって天皇は、いつの時代も絶大なる力の象徴だったのです。

「即位料」を献金したのが1559年、即位の礼は1560年。

＊13 信長が朝廷に多額の献金などをしたことは『信長公記』に記されている。

＊14 浅井長政・朝倉義景《よしかげ》・比叡山延暦寺が信長を攻めた「志賀の陣」では、信長が朝廷と足利義昭を動かして講和が成立した。

＊15 信長は仏教徒の武装拠点を攻撃していたが、1567年、正親町天皇は、高野山の堂塔《どうとう》を破壊しないよう信長に働きかけた。

＊16 誠仁《まさひと》親王は、次代の天皇として信長に擁立されてはいたが、養子ではない。ただ、誠仁親王の五男の興意法《こういほう》親王は、信長の猶子《ゆうし》（便宜上の親子関係）である。

秀吉が〝あちらの世界〟でつぶやく！
家康は秀吉の死を喜んでいた！

慶長3年8月18日、豊臣秀吉は、62歳で世を去りました。

慶長3年といいますと、今から416年も前のことになります。

私たちは命を授かってこの世に生まれますが、その命が尽きる日は必ずやってきます。

昨夜、眠ろうとしたら、天下統一をなしとげた豊臣秀吉のことが気になって、気になって、今日も朝から秀吉の「気」を感じているような変な気分になり、原稿用紙に向かったら何か書けるのではと期待しながら書きはじめたところです。

あの時代の有名人といえば、織田信長、徳川家康、豊臣秀吉。だれもがすぐに名前を思い浮かべる人たちだろうと思います。

あなた様は、このお三方のどなたの生き方が好きですか？

ああ、何か書きたくなりました。感じたまま書いていきます。

＊1　家康は、末期の豊臣政権における「五大老」のひとりだが、秀吉の死後、わずか2年ほどで天下人としての立場を確立した。

＊2　前田利家《としいえ》も五大老のひとりで、しだいに勢力を増していく家康の抑止力と目されていた。利家と秀吉は若いころから親交があった。秀吉の死後は、遺児・秀頼の養育係として大阪城へ入り、実質的な城主となった。

＊3　『真書太閤記』の編者である栗原柳庵《りゅうあん》のことか。秀吉の通俗的な伝記で、史実が記されているわけではない。安永年間（1772〜1781）の成立。あるいは、『太閤記』を記した儒学者で医師の小瀬甫庵《おぜほあん》のことか。初版は1626年で、家康と同時代である。

＊4　秀吉が死んだとき、息子の秀

「*1家康め。私の死が近づいているのを喜びおったわ。*2利家《としいえ》は、私たちの体を心配してくれている。

家康にゴマをすったのか、いまだに後悔ばかりよ。利家が欲を出していたら、今の世はどのようになっていたのだろう。

*3柳庵《りゅうあん》め。家康に媚《こび》を売り、真《まこと》のようなでたらめを書きおったわ。

私があのとき、死を前にして遺言らしきことを話せるはずなどなかったわ。意識は3日前から朦朧《もうろう》として、見慣れた利家の顔もわからなくなったくらいじゃがな。

*4秀頼のことは気がかりながら、*5千利休が笑顔で語りかけておってなぁ。あの*6黒い茶器の名は、何だったかなぁ。

最近、ど忘れがひどいわなぁ。利休め、あの茶器のことをいまだに恨んでおる。

今思えば、*7三成、長政、長盛の3名が、あまり心を通わせていなかったことに気づかなかったのが、わが生涯一番の汚点だなぁ」

ここまで書いたら、何も聞こえなくなりました。

頼は5歳であった。

＊5 信長と秀吉に仕えた茶人。秀吉の政治的な側近でもあったが、最後は秀吉との間に確執が生まれ、切腹を申しつけられる。

＊6 利休は黒い茶器を好み、秀吉は黒を嫌ったことは有名。1591年1月の茶会で、利休は、秀吉が黒を嫌うことを知りながら黒楽《くろらく》茶碗で茶を点て、秀吉に出したとされている。この茶碗の銘は不明だが、利休が名器と認めた黒楽茶碗には「大黒《おおぐろ》」「東陽坊《とうようぼう》」「鉢開《はちびらき》」などがある。

＊7 石田三成、浅野長政、増田長盛のことだろう。いずれも末期の豊臣政権「五奉行」に名を連ねる。特にこの3名は、一般政務の処理に当たった。

坂本龍馬暗殺の黒幕は、倒幕派と結託した岩倉具視だった!?

慶応3年11月15日。今の暦でいいますと、12月10日。

この日は坂本龍馬の誕生日[*1]。

不思議な世界の方が話されるには、この日は風邪[*2]ぎみだったせいもあってか、時のたつのをいつもより長く感じていたようです。

午後8時過ぎといいますと、現代の大都会はまるで昼のように明るく、人々は夜の時間を思い思いに過ごしています。

龍馬は、近江屋の2階の8畳間で、行燈《あんどん》の明かりのもと、見慣れた[*3]中岡慎太郎の顔をどのような思いで見ていたのでしょう。

あのとき、あの瞬間の時刻[*4]は午後8時13分。

部屋の襖《ふすま》が静かに開き、暗殺者[*5]が……。

龍馬が人生を終える時刻が近づいてきます。

行燈の明かりに映しだされた龍馬と慎太郎の顔。

＊1 龍馬は天保6年11月15日生まれ（異説あり）。奇しくも誕生日が命日となった。

＊2 龍馬は近江屋の土蔵に潜んでいたが、風邪をひいたため、母屋の2階に移っていた。

＊3 龍馬とともに凶刃に倒れた幕末の志士。薩長同盟最大の功労者といわれ、近江屋事件の真の標的は、龍馬ではなく中岡慎太郎だったとの説すらある。

＊4 刺客が龍馬たちを襲ったのは午後8時過ぎとされているが、詳細な時刻は伝えられていない。

＊5 龍馬暗殺の実行犯は、反幕府勢力の取り締まりに当たっていた京都見廻組《みまわりぐみ》というのが、ほぼ定説となっている。また、松原照子氏は著書『幸せを導く未来の暦』の中で、暗殺者は渡辺篤《あつし》と今井信郎《のぶお》

お互いに顔を見あわせたとき、「岩倉具《とも》視《み》[*6]」、この名が両者の頭に浮かんだと、不思議な世界の方は話されました。

今年の12月10日がくると、あのときから149年。現在の世を龍馬が目にしたら、どんな面持ちになるのでしょうね。

龍馬という人は、現代人にこよなく愛されます。でも、あの時代に歴史を動かそうとした人々からは、殺意を持たれやすい人物だったように思います。

不思議な世界の方のお話を聞くと、龍馬と慎太郎は、襖を静かに開けて侵入してきた刺客を、すぐには暗殺者だと思わなかったようです。ただ、龍馬はこの日の朝から「来年の今日は迎えられないかもしれない」と思っていたそうです。

龍馬[*7]が暗殺されなかったら、明治維新は、今の歴史とは少し違ったように思います。旧幕府が諸侯会議[*8]で主導権を握り、徳川慶喜《よしのぶ》が新しい国家のトップに立っていたはずなのです。

龍馬の死は、日本の歴史を大きく変えました。

だったと述べている。

＊6 幕末から明治期の公卿で政治家。公武合体を唱え、大久保利通《としみち》らと王政復古を画策した。龍馬暗殺の首謀者についての定説はないが、薩摩藩の西郷隆盛・大久保利通と、岩倉具《とも》視《み》が結託して主導したとの見方もある。

＊7 龍馬は、武力による倒幕に反対し、穏健な改革である大政奉還の実現に尽力した。龍馬が自ら草稿した新政府の政治要綱「新政府綱領八策」には「〇〇〇自ラ盟主ト為《な》リ」とあり、新しい日本の盟主をあえて空欄にしている。龍馬が思い描いた盟主が慶喜《よしのぶ》だったかどうかは不明だ。

＊8 有力諸侯が政治に関与する国家体制のこと。大政奉還後は倒幕派が主導した。

明治維新後に財閥が力を蓄え、第２次世界大戦後に解体されていった！

わが国の近代史には、華麗なる一族がいました。

三井、三菱、住友、安田という四大財閥です。

明治維新後、わが国ではどのようなことが起きたのでしょうか。

不思議な世界の方のお話をお聞きしていると、もしも、[＊1]吉田東洋《とうよう》が暗殺されなかったら、[＊2]岩崎弥太郎《やたろう》は、[＊3]開成館長崎商会の主任にはなれていなかったように感じてしまいました。

岩崎弥太郎は、見事なまでにツイている人だったようです。

吉田東洋との出会い、また、東洋の甥である[＊4]象二郎《しょうじろう》との出会いもさることながら、のちに土佐藩の経済活性化に大いに力量を発揮した弥太郎にとって、この長崎商会が[＊5]閉鎖されたことは、まさに好転のチャンスとなりました。

ご存じの方も多いとは思いますが、三菱という社名は、岩崎家の

＊1 幕末の土佐藩士。蟄居《ちっきょ》中に少林塾を開き、甥《おい》の後藤象二郎《しょうじろう》、板垣退助、岩崎弥太郎《やたろう》ら若手藩士の育成に当たる。藩政に復帰するも、尊王攘夷《そんのうじょうい》を唱える土佐勤王党と対立し、暗殺される。

＊2 三菱財閥の創設者。

＊3 後藤象二郎の推挙を受け、開成館長崎出張所（長崎商会）の主任となり、藩の貿易に従事。

＊4 後藤象二郎のこと。龍馬と山内容堂《ようどう》とのパイプ役を担うなど大政奉還に尽力。維新後は大阪府知事などの要職につく。

＊5 長崎商会の閉鎖を機に、弥太郎は開成館大阪商会へ異動し、藩の財政に寄与する。１８６９年、大阪商会は「九十九《つくも》商会」と改称し、私商社として再出発。これがのちの三菱商会である。

家紋の三階菱[*6]と、土佐藩主・山内家の三葉柏[*7]にちなむものです。

あの時代は、人との出会いひとつで、時の人になれるかなれないかが決まったようです。

三井財閥は、江戸時代前期に始まります。三井八郎右衛門高利《たかとし》[*8]なる人物が始祖です。「三井越後屋呉服店[*9]」の「越後」というのは、高利の祖父、越後守《えちごのかみ》に由来するといわれています。

住友も、三井同様、江戸時代の豪商です。出版業[*10]や薬種業がスタートだったようです。

安田善次郎[*11]は、時代を読み取る能力に長《た》けていた人物で、金融については神が降りてでもいるようだったと、不思議な世界の方は話されました。

戦後の日本を見るときには、この三井、三菱、住友、安田を知らずしては、何も語れないことでしょう。

第2次世界大戦[*12]がなかったら、今の日本はどのようになっていたのでしょう。

＊6〜7 三階菱と三葉柏。

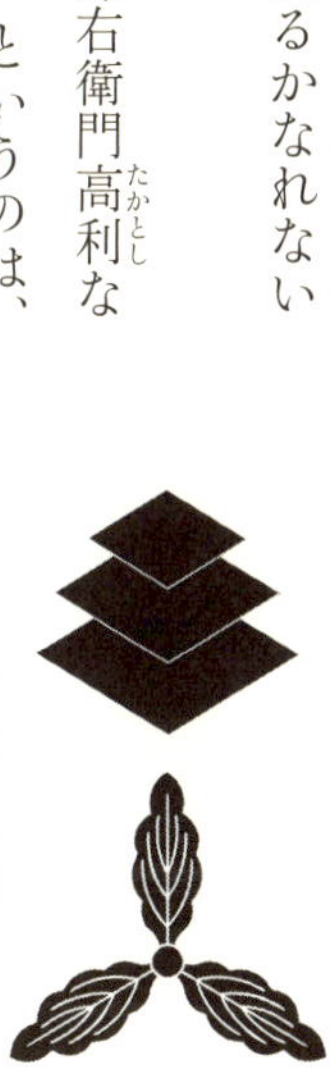

＊8〜9 三井家の家祖。1873年、江戸随一の呉服街といわれた江戸本町に「三井越後屋呉服店」を開業。八郎右衛門は高利《たかとし》の字《あざな》。祖父の高安《たかやす》は越後守《えちごのかみ》であった。

＊10 出版業については不明。

＊11 安田財閥の祖。生家は富山藩の下級武士。20歳で江戸へ出て、玩具店や両替商などに奉公。5年後には独立し、日本橋で露店の両替商を開いた。その翌年には両替商兼小売商の「安田屋」を開業。

＊12 第2次大戦後、GHQの政策によって財閥が解体された。

日本に投下された原爆の開発は アインシュタインの署名がきっかけだった！

アルベルト・アインシュタインは善人だったのでしょうか？　それとも悪人だったのでしょうか？

人の心には、さまざまな思いがよぎるものです。

「アインシュタインの心を大きく動かしたのが原爆[1]の開発だった」

そう不思議な世界の方に教えられると、舌を出したユーモラスなアインシュタインに抱いた私の思いに、雲が漂います。

1945年というと第2次世界大戦のまっただなか。

この年の3月、ドイツ[2]が原爆の開発をやめました。

この年は、歴史が大きく動いた年でした。

4月にはルーズベルト大統領が急逝。5月にはヒトラーが自殺。

不思議な世界の方のお話を聞いていると、もしもルーズベルト[3]大統領が急逝しなければ、日本への原爆投下は、少し遅れていたよう

*1 アインシュタインは、ユダヤ系ハンガリー人の物理学者レオ・シラードの依頼により、ルーズベルト大統領宛ての手紙に署名をした。そこには、ドイツより早く原爆の開発を進めるべきであるとの内容が暗に記されていた。

*2 第2次世界大戦中、ナチス政権下のドイツで原爆の開発が進められたが、1944年の時点で中止が決定されていたといわれる。

*3 ルーズベルトは、日本に対して和平工作を行っており、原爆投下を前提としていなかったという。また、物理学者のニールス・ボーアなどが、原子力の平和利用を提言していた。

*4 原爆開発プロジェクト「マンハッタン計画」の中心的人物は、「原爆の父」と称される物理学者

に思えました。わが国への原爆投下を避けられなかったことは、悔しく思ってしまいます。

原爆[*4]の開発に意欲を燃やした人々にも、愛する家族があったはずです。1発で都市のすべてを破壊する新型爆弾が完成した日、彼らは人の心を忘れたのだと思います。

特にトルーマン大統領[*5]とバーンズ[*6]、このふたりの野望に火がつき、わが国は恐ろしい洗礼を受けることになりました。あのスターリン[*7]でさえ、原爆の開発を一時停止させたくらいだと、不思議な世界の方が話してくださいました。

広島型原爆の約1000倍もの威力がある水爆[*8]が、トルーマン大統領の手で開発されたことを私たちは忘れてはいけません。

私は、アメリカが日本に原爆を投下した事実に、人としての正当性はないと思っています。

この教訓が活かされず、福島に人災が起きたことが、とても悲しいのです。

ロバート・オッペンハイマー。

＊5 ルーズベルトの急逝を受けて副大統領から大統領へ昇格。共和党の主要メンバーが原爆投下に反対していたため、先にスターリンに知らせたという。

＊6 バーンズ国務長官のことだろう。トルーマンとバーンズは、日本の戦意喪失を知りながら、原爆の威力を実証するために、投下するまでは降伏させないように画策したとの見方がある。

＊7 1943年、スターリンは原爆の開発を指示。1949年には最初の核実験が行われた。開発計画の中断については不明。

＊8 1950年1月31日、トルーマンは水爆の開発計画を発表。原爆を保有していたソ連に対抗するためと見られている。

琵琶湖に沈んだ湖底遺跡は大昔の大災害を物語る！

「スゲ[*1]は、神の宮に奉仕しなさい」

こんな言葉が聞こえたのだけれど、「スゲ」ってだれのことなのでしょうね。

「マチヌ[*2]は神に仕え、神と遊びなさい」

「サキ[*3]は心の赴くままに生活しなさい」

つづく言葉を聞きながら、大昔の人のなかには「サキ」と呼ばれる人が何人もいたのだなぁ、と思ってしまいました。

だれかスゲ、マチヌ、サキの意味を教えてください。

さて、いつものことながら、ここで話が変わります。

琵琶湖に行かれたことはありますか？

私は若かりし時代に、会社の人たちと泳ぎにいったことがあります。といっても、私は泳げないので、琵琶湖に浸かりにいったとい

＊1〜3 いずれも古史古伝のひとつ『上記《うえつふみ》』に出てくる言葉で、老若を区別するもの。スゲは「初老」、マチヌは「白老」、サキは「寿老」を指すという。

＊4 世界最古の湖はバイカル湖で、約3000万年前に海から孤立したとされる。2番目はタンガニーカ湖で約2000万年前に、その次が琵琶湖で約600〜400万年前に形成されたと推定されている。

＊5 琵琶湖の西岸には琵琶湖西岸断層帯があり、断層帯北部の最新活動時期は、約2400〜2800前だという。したがって、大昔に大災害があった可能性は十分だ。

＊6 琵琶湖には、100か所以上の湖底遺跡があるといわれてい

うのが正しいのですが。

琵琶湖って、世界で2番目[*4]にできた湖なのですってね。本当かどうかはわかりませんが、聞こえたり感じたりしたことは真実だと思っているので、気にせずに書いちゃいました。

琵琶湖は、大昔[*5]に大災害があったことを示していると、不思議な世界の方が話しておられます。

湖底遺跡[*6]というのがこの琵琶湖にあるとしたら、これから先も琵琶湖には何かが起きるかもしれません。

人間って、自然界のことをどのように思っているのでしょうね。伏見にあった巨椋池《おぐらいけ》[*7]は、干拓工事で消えちゃったのでしょう？　今ではお馬さんたちが走る競馬場になっているとか。

自然界をないがしろにすると、大地震などが起きた際、必ずしっぺ返しをもらいます。

琵琶湖は今年も、北[*8]にほんの少し移動していると、不思議な世界の方が教えてくれました。


る。2015年11月には、滋賀県立大の琵琶湖水中考古学研究会が、長浜城近くの湖底で、8本の柱と石積みを発見して話題になった。19世紀に建造された鎮守社と見られ、1819年の文政近江《ぶんせいおうみ》地震によって湖底に沈んだ可能性があると考えられている。

＊7 かつては京都府最大の淡水湖だったが、豊臣秀吉の時代から土木工事が行われ、1933〜1941年の干拓工事によって農地となった。京都競馬場の馬場にある池は、巨椋池《おぐらいけ》の名残だといわれている。

＊8 2014年に発表された立命館大学の熊谷道夫教授の調査によると、過去11年で、琵琶湖全体が東南方向に20センチ以上動いているという。

照の日記 —— 3

他人様には期待をするわりに、
自分に期待しないのって変だと思いませんか。
自分の未来に希望と申しますか、
素敵なことが起きると期待しましょうよ。
幸福になりたいと思われるなら、
まずは何事も暗く受けとめないことです。
そして、ご自分の未来にエールを送り、
鏡に向かってニッコリしてください。

第４章

日本の近未来と
自然界の動き

2020年の東京オリンピックは「ない」と即答してしまったことが気がかり

他愛のないことで心が弾んで楽しくなる自分が大好きです。

私の心を明るくしてくれたのはデジタル時計でした。

原稿を書こうとフッと時計を見たら、10:15の数字。10月15日は私の誕生日です。時計が「今からがんばりなさい」と、誕生日の数字を見せてくれた気がします。

そういえば、朝のテレビで、古文書*1に災害のことが書かれていたと話していました。東日本大震災・阪神淡路大震災・新潟大震災と同じ場所で、平安時代にも地震が起きたそうです。朝の用事をしながら聞いていたので、覚え間違えていたらごめんなさいね。

東日本大震災が起きてから9年目あたりに関東大震災がくるのかなぁと、この古文書の文面から感じてしまいました。

だからといって、2020年がX年とは思っていませんが、ウェ

*1 平安時代に編纂された『日本三代実録』のことだろう。清和《せいわ》天皇、陽成《ようぜい》天皇、光孝天皇の3代を扱う歴史書で、869年に起こった貞観《じょうがん》地震などの記事がある。貞観地震は、三陸沖を震源域とする巨大地震で、このような地震は周期的に発生するとされている。

9世紀は、次に記すように巨大地震が多かった。

863年　富山・新潟で大地震
864年　富士山・阿蘇山噴火
868年　兵庫・岡山で大地震
869年　貞観地震
871年　鳥海山噴火
874年　開聞岳《かいもんだけ》噴火

ブサイト「幸福への近道」で何度かお伝えしている２０２０年の東京オリンピックのことが、ふと胸をよぎります。

あるお集まりの席で「東京でオリンピックは開催されますか」と質問されたとき、間髪を入れず「ない」と答えてしまいました。そんな自分に驚いたと同時に、なぜあんなことをいったのか、いまだに気になっています。

このお集まりは、東京でオリンピックが開催されることがまだ決まっていない２０１２年２月に開催されました。

講演会の質疑応答では、質問される方のお心とすぐに合体できるときなどは、頭の中の一部が開くのを感じ、自分でも「見えた」と思いながら感じたことを話させていただきます。でも、頭の中でシャッター音とはいえないのですが、何かの音がすると、即座に見えないと判断でき、「わかりません」と答えてしまいます。

こんな私が「ない」のひとことで東京オリンピック開催について答えてしまったのが気になっています。

８７８年　関東地方で大地震
８８７年　西日本地震
　これが現代の状況とよく似ているとの指摘がある。
１９９５年　阪神淡路大震災
２００４年　新潟県中越地震
２００８年　岩手・宮城内陸地震
２００９年　浅間山噴火
２０１０年　桜島噴火
２０１１年　新燃岳《しんもえだけ》噴火
２０１１年　東日本大震災
２０１４年　御嶽山《おんたけさん》噴火
２０１６年　熊本地震
　９世紀は、貞観地震後に鳥海山（山形）と開聞岳（鹿児島）が噴火し、関東で大地震が起こった。現代では、東日本大震災後に御嶽山（長野・岐阜）が噴火し、熊本地震が起こった。ならば、次は関東ではないかとの見方もある。

今も活動がつづく「活褶曲地帯」周辺は、激しい揺れに警戒が必要！

「活褶曲《かつしゅうきょく》地帯」*1とはどんな地帯なのでしょう。

いつもながら、書いてみても自分の頭の中にピッタリしたものがなく、知識もこの手はさっぱりです（笑）。

なぜかしら「活発化には気をつけて」と書きたくなりました。

「山田さん」*2

なんで人の名前なのでしょう。

「野坂さん、*3三方さん」*4

書きながら思ったのだけれど、人の名前ではない気がします。

「湖北山《こほくさん》」*5

よけいにわからなくなりました。

「山田、野坂、三方、湖北山」

これで何かわかる気がします。

*1 現在でも活動が見られる褶曲《しゅうきょく》のこと。褶曲とは、水平に堆積した地層に対して、横方向の力が加わって生じる、いわば大地の「シワ」。付近の地下には断層が隠れていることが多く、これが活動すると、周辺で激しい揺れが生じる。

*2〜7 近畿地方にある断層帯の名称。おおよその位置を示す。

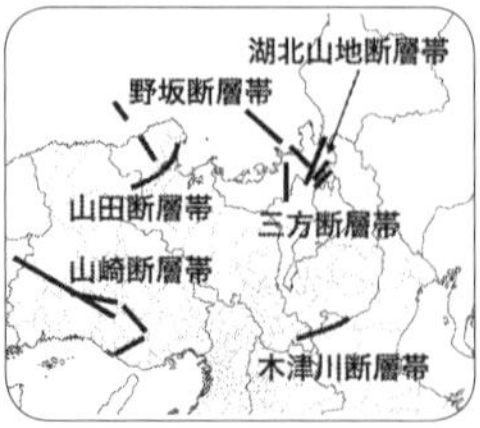

*8 糸魚川《いといがわ》静岡構造線のことだろ

「発生率が低いと油断するな」

と、だれかがいった気がしましたが、いつも聞こえる感じとは少し違いました。

「木津川《きつがわ》*6、山崎*7は同じ進行」

今日も何が何だかわかりませんが、書くだけ書いてみましょう。

糸魚川《いといがわ》*8、糸魚川、糸魚川と、3回書きたくなりました。

3回も書きたくなるなんて、意味があるのかなぁ。

富士山河口*9と松田*10さんとは仲よし。富士山河口が元気になると松田さんも元気ですって。

ねえねえ、これって何なのですか。もしかして地震かなぁ。

「南海、東南海が引っぱりあう」

「三浦*11さんは沈黙しているが、先ほどの松田さんが元気になると黙ってはいない」

「布田川《ふたがわ》*12さんより西山*13さんが少しずつ元気を取り戻していますよ」

今日も感じるまま、聞こえるままに書いちゃいました。


う。新潟県の親不知《おやしらず》から静岡県の安倍川にいたる大断層線である。

＊9〜11 関東地方にある断層帯の名称。富士山河口とは「富士川河口」のことだろう。

＊12〜13 九州にある断層帯の名称。

首都直下型地震が発生すると、東京湾岸の石油タンクが大災害をもたらす!?

首都直下型地震と書くだけでも、緊張が体中を走ります。

ここまでしか書いていないのに東京湾がとても気になりました。

東京湾に石油タンク[*1]ってありますか？　長周期地震が、まさかと思いますが、石油タンクを襲うと書きたくなりました。

もしかすると、東京湾に限ったことではない気もします。液体が空気に触れても大丈夫ですか。もしも、可燃性ならどうなるのでしょう。また、屋根[*2]はどのようになっているのでしょう。地震がもたらす災害のひとつに、石油タンクがある気がしてきました。

タンクが壊れて海上に石油が流れだし、火災が起きるとどうなるのでしょう。福島の原発事故のように「想定外」ということで片づけるのでしょうか。

現在、心配されている東海・東南海・南海地震が起きたら、石油

＊1 東京湾岸には、5500基以上の重油タンクがある。そのうち9割は、千葉県市原市を中心とする京葉臨海中部と、川崎市を中心とする京浜臨海に集中している。これらの数基から重油が流出・引火すれば、東京湾が火の海になるともいわれている。

＊2 石油タンクには「浮き屋根式」と「球形式」があり、浮き屋根式のほうがスロッシング（地震など外部からの振動によって容器

タンクは大丈夫でしょうか？

もしも同時に爆発炎上したら、海は火の海になります。

きっと、近い将来、今見えた映像が現実になるのでしょう。

あれ、いいきってしまいましたが、私の意志ではない気がしています。もしかすると、どなたかが私の手を借りて書いた？　まさかとは思いますが、今までとは違う感触で、現実になると書いてしまいました。

人間がつくりだした多くの品々。

原子力発電所も石油タンクも、災害のとき、人的被害の差はあるものの、恐ろしい凶器になるのは間違いがありません。

東日本大震災も、まだまだ余震のような揺れが起きると思っています。

危険は、地震が直接もたらすとは限りません。

私たちは、先人の教えを今一度、学びとして受けとめる時期を迎えているのではないでしょうか。


内の液体が揺れること）による火災が起こりやすいとされる。東京湾には約600基の浮き屋根式タンクがあり、首都直下型地震が起これば、その約1割で油漏れが発生し、海上火災が起きるとの説もある。2003年の十勝沖地震では、スロッシングがもとでコンビナートの火災が起きた。なお、東日本大震災のときに発生したコスモ石油の火災では、球形式のLPGタンクが倒壊、炎上した。球形式だから絶対に安全とはいえないのである。

ふたつのプレートの接点となる地域と人工島、埋め立て地には注意が必要

八ヶ岳[*1]に妙高山[*2]、それと富士山[*3]の下には、いったい何が隠れているのでしょうね。

４つのプレートがあるといわれる日本。

ユーラシアプレートとフィリピン海プレートの接点[*4]ってどこかなあ？　今後、気になる場所のように思えるのです。

昔は人口をどのように把握したのかはわかりませんが、弥生時代[*5]の日本列島には59万人くらいしか暮らしていなかったようです。だからね。大災害が起きても、今とはずいぶんと被害が違うと思うのですよね。

私が生まれた１９４６年[*6]ごろの人口になる日も遠くはないでしょう。人口１億人といえば、２７７７万人もの人が、日本からいなくなるのですよね。人口が自然に減少した分、自然界も、少しは私た

＊1〜3　いずれも富士火山帯に含まれる主要な火山で、フォッサマグナ（北米プレートとユーラシアプレートの境界）の中央部にある。また、富士山の真下には、相模トラフと南海トラフに引っぱられながら沈み込むフィリピン海プレートが横たわっている。

＊4　フィリピン海プレートとユーラシアプレートの接点は「点」ではなく「線」なので、この文面から特定することは不可能。ただ、前項の内容を踏まえれば、富士山

ちの日常生活を許してくれるかもしれません。

人工島とか、埋め立て地とか、弥生時代の人には考えもつかなかったと思います。でも、平清盛《たいらのきよもり》が、すでにＪＲ兵庫駅のあたりに、防風の目的で経ヶ島《きょうがしま》*7を築いたそうです。

そういえば阪神淡路大震災のとき、ポートアイランドは液状化現象で大騒ぎになりました。

品川のお台場*8も、ペリーがやってきたとき、江戸を防衛するための砲台を備える「台場」を築いたのがはじまりとか。今は海浜公園になっているものの、こうした歴史的背景があったとは、何ともいえない気持ちになります。

関東大震災で壊れた海堡《かいほう》*9があるとしたら、そのあたりは気をつけたほうがいいかもしれません。

いつ何が起きてもおかしくない時代です。過去の歴史を見直し、人工島か埋め立て地かということくらいは、住む人は知っておいたほうがよいと思います。

周辺も接点のひとつといえる。
*5 複数の研究者が、各時代の遺跡の数と個々の推定収容人数から算出した結果、弥生時代の推定人口は59万４９００人と推測されている。
*6 １９４６年の日本の人口は、約７５７５万人。
*7 １１７３年、大輪田泊《おおわだのとまり》（神戸港の西側）の波よけを目的として経ヶ島《きょうがしま》を着工。完成したのは、清盛《きよもり》の死後の１１９６年。人柱の代わりに一切経を埋設したことから、経ヶ島といわれる。
*8 １８５３年６月にペリーが来航。同年８月から翌年５月までに、５基の台場が急造された。
*9 海岸防備のために、人工島に築造した砲台やとりでのこと。第二海堡《かいほう》と第三海堡が被災。

関東大震災から90年以上が経過！次の揺れが気になる時期に入った

東京湾を震源とする関東大震災が起きたのは、１９２３年9月12日午前5時59分でした。

多くの方々は、首都直下の大地震を気にしておられると思います。関東大震災が１９２３年に起きてから、今年で93年。１００年という時の流れが、次の揺れを誘うかどうかはわかりませんが、気になる時期にきているのかもしれません。東日本大震災は、関東の地震活動を誘発したのでは、と気になってもいます。

東京湾の北部[*1]が、どのあたりになるのかはわかりませんが、この近くに断層[*2]があるなら、小さな揺れが頻繁になっていないか、注意してほしいと思います。

千葉北部も同様に、震度1の地震回数を気にかけていていただきたいのです。

＊1 東京湾北部地震（M７・３）が発生した場合の震度分布予想図（内閣府による）。□の部分はアスペリティーといい、通常は強く固着しているが、あるとき急激にずれて地震波を出す領域を指す。

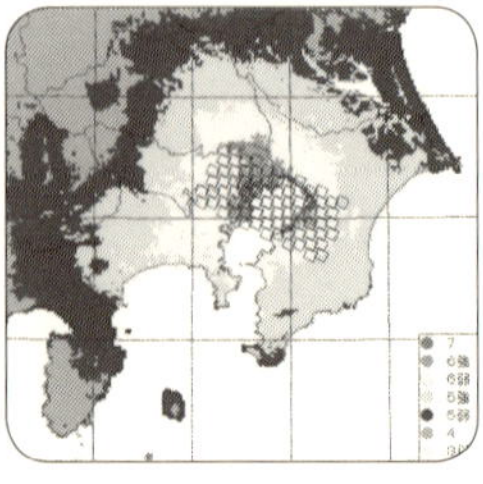

＊2 東京湾北縁断層と東京湾北部断層がある。

もしも、関東に大きな揺れがやってきたら、もう一度30年以内に同じクラスの揺れがやってくる気もします。

神奈川県西部と千葉県南部[*3]を結ぶ線に何があるのでしょうか。

また、千葉県の太平洋側で隆起した場所[*4]が、かつて揺れたことがあったら、いつ起きたのかも知っていてください。この地域が揺れる周期は、過去に起きた地震でわかるはずなので、次の揺れが近づいていたならば、気をつけてほしいのです。

関東地方は、いったん揺れる癖がつくと、１００年以内に何度か大きく揺れやすいでしょう。関東大震災から１５０年を待つことなく、大きく揺れるかもしれません。

だとしたら、あと57年しかありません。

でも、だからといって心配して、起きてもいないときから怖がっていたのでは「生き力《りょく》」がつきません。

どうか、日ごろから思いやりと「ありがたい」を忘れずにいてください。そうすると、本番に強い人になれます。

＊3 断層帯のことだろうか。神奈川県西部から千葉県南部にかけては、３つの断層帯がある。

＊4 房総半島の南端（館山市相浜地区、南房総市千倉、同市白浜など）は、１７０３年、南房総市白浜町沖を震源とする元禄地震によって隆起した。

518年前に直面した自然界の脅威に学び、南海トラフ巨大地震に備えよ！

518[*1]年前といったら、日本はどのような時代だったのでしょうか。人口[*2]は、どれくらいの時代でしょう。

もしかすると、このころの日本には800万人もいたのかなぁ。

そんなことを思ってしまいました。

津波の恐ろしさは、東日本大震災で目に焼きつきました。

今日は目覚めてから、518年前が理由なく気になります。何の根拠もありませんが、多くの方が自然界の脅威に直面した年のような気がしています。

今から書こうとしていることも、ここまで書いたこととつながりがあるのかどうもわかりませんが、「東海」が気になりました。

静岡が揺れはじめるのが先か、長野が先か、2015年8月の中旬くらいから何かがスタートしたと感じたのを思いだします。

*1 2016年の518年前、1498年には、南海トラフ巨大地震のひとつとされる明応地震が発生した。志摩半島から伊豆半島にかけての沿岸部に津波が襲来。特に志摩半島の大津集落は死者が1万人にのぼり、地域住民は地震後、高台へ移住したという。

*2 1498年といえば室町時代。人口は約818万人と推定されている。

*3 津波は、水深が深いほど伝わるスピードが速い。水深10メートルでは時速36キロだが、水深50

津波の時速[*3]は、約800キロ。

このことが本当かどうかはわからないのですが、津波のスピードは驚きの世界です。

地震発生後、現在は津波情報が3〜5分で発表されますが、大きく揺れたとき、海の近くにいる人は、すぐに避難することを日ごろからご自分にいい聞かせてもよいのでは、と思います。

今すぐに「何かが起こる」とは思わないのですが、日本列島、日本海域が活性化していることは、皆様も感じ取れているはずです。地下の活動が、いつどこで勢いを増すかはわかりません。

だからといって、怯えは禁物。

ご自分の動物的な勘を衰えさせます。

518年前に何があったのかはわかりませんが、過去の歴史から学ぶことが必ずあります。

ご自分と大切な人を守るために、恐怖心は捨てて、日々に感謝して暮らしましょうよ。

00メートルでは時速800キロとなる。これはジェット機と同じくらいである。1960年のチリ地震では、チリから日本までの平均時速が750キロだったといわれている。

日本アルプスの沈下が勢いを増すのは、地下が動きはじめている証拠

盆地[*1]と平野の違いってご存じですか？

「周囲を山地に囲まれた平地を盆地という」

こんなこと書けちゃったけど、どうなのでしょうね。

「断層盆地[*2]」

こんな言葉もあるのですね。日本には、この断層盆地が多いようです。断層を伴う地殻変動で形成されたのが断層盆地だとしたら、少し気になります。

秦野《はだの》[*3]ってどこなのだろう？　大洲[*4]ってどこなのだろう？

夕寄[*5]、上川[*6]、富良野[*7]。書きたくなったので書いておこう。

「長野[*8]、松本[*9]、近江[*10]」

何だ、これ？

平野は、河川の堆積で生まれますから、川が似合います。

＊1　盆地とは、本文にあるとおり、周囲を山地に囲まれた平地。平野とは、山地に対する用語で、広くて平らな地形のこと。

＊2　地殻変動（断層運動）によって生じた盆地をいう。盆地の一方の側、もしくは両側が断層崖となっている。

＊3　神奈川県の盆地。両側に渋沢断層と秦野《はだの》断層がある。

＊4　愛媛県の盆地。北側に中央構造線断層帯がある。

＊5~7　北海道の盆地。「夕寄」とあるのは名寄《なよろ》のことだろう。名寄、上川、富良野の各盆地は、北海道を割れ目のように縦断している。これは、約4000万年前に、北海道の東西が衝突して現在の形になった名残である。なお、名寄は天塩川《てしおがわ》周辺の断層帯に、富良野

平野といえば、関東平野。

「約13万年から2万年前にできた地層はOK」[*11]

OKってどういう意味なのだろう。

「1万年前から今日までの堆積は注意」[*12]ですって。

今書いたことを解説してくれるといいのだけれどね。

「地盤沈下はこれからも進みます」という声も聞こえました。

横浜だけではなく、いたるところで地盤沈下が起きているとか。

本当かなぁ、とは思うけれど、聞こえたので書いておきます。

「地下水の採取は大変な結果を生みますよ。地震・豪雨による災害を大きくさせます」

日本アルプス（北・南・中央）は、沈下[*13]の勢いを増す傾向があると、不思議な世界の方が話されています。日本アルプスの地下が動きはじめている証拠ともいっておられます。

まさか日本アルプスが沈下するはずがないとは思うのですが、聞こえたので書いておきます。

は富良野断層帯に接している。

＊8～9 長野県の盆地。長野は信濃川断層帯に、松本は松本盆地東縁断層群に接している。

＊10 滋賀県の盆地。東側に伊吹山地と鈴鹿《すずか》山脈、西側に比良山地があり、その間の断層によってできた断層盆地である。

＊11 更新世《こうしんせい》の後期に該当する。各大陸がほぼ現在の形となった時期である。なお、日本列島が大陸から完全に切り離されたのは、約2万年前といわれている。

＊12 約1万年前から現在までを完新世という。

＊13 国土地理院の調べによれば、日本アルプスのほぼ全域が、年間最大5ミリのペースで沈降している。単純計算でいくと64万年後には消滅する。

砂浜が消え、貝が居場所をなくすと海洋汚染が深刻になる

自然にできた海岸が減っています。

日本三景といわれる丹後《たんご》の天橋立《あまのはしだて》、安芸《あき》の厳島《いつくしま》、陸奥《むつ》の松島。

これらはすべて海岸線の風景です。

林春斎《しゅんさい》[*1]は江戸時代、きっとこの風景を目にしたのでしょうね。

日本ほど海岸線が美しい国はありません。

でも、砂浜が今、日本から少しずつ姿を消しはじめているといいます。人工の海岸が増えているのです。

埋め立てに護岸工事。

干潟《ひがた》に棲むムツゴロウ[*2]は、今も健在でしょうか。

現在、日本の海岸線の3分の1が人工海岸だ[*3]ということをご存じでしたか。

鳴き砂[*4]はどうなったのでしょう。

＊1 江戸時代の儒学者、林鵞峰《がほう》の号。著書『日本国事跡考《じせきこう》』のなかで、松島、天橋立《あまのはしだて》、厳島《いつくしま》を「三処の奇観」と記し、これが日本三景の由来となった。

＊2 有明海と八代《やつしろ》海のみに棲息するスズキ目ハゼ科の魚。干拓などによる干潟《ひがた》の減少と乱獲により個体数が減少し、絶滅危惧種となっている。

＊3 環境庁の調査によれば、1998年の時点で、全海岸線の約30パーセントが人工海岸である。

＊4 石英《せきえい》粒の多い砂が十分に磨かれて砂浜を形成すると、その上を歩くときに砂がこすれあい、クックッと音をたてる。昔から日本各地の砂浜で見られる自然現象だっ

宮城県気仙沼市の十八鳴浜《くぐなりはま》[*5]は、クックックッと鳴くので「9＋9」で「18」と名づけられたとか。

私たちは、この現実を忘れてはいけません。砂浜が消えているという現実を、です。砂利の採取だけではなく、ダムの建設も原因です。堤防の建設も砂浜をなくし、バランスを壊してもいます。

地球温暖化で海面[*6]が上昇すると、地球全体の65パーセントもの砂浜が消滅することになるでしょう。

不思議な世界の方は、貝[*7]が海の浄化をしていると話されます。砂浜で暮らす貝たちが棲息地をなくすと、地上のさまざまな物質がいきなり海に流れ込み、海が大病になるともいっておられます。日本の海岸から、貝が姿を消す日がやってくるかもしれません。

私たちは、どんなに偉そうなことをいっても、元素ひとつすらつくれません。地球が手に入れた元素なのです。

この夏は、海岸の砂浜と仲よくしてください。そして、「ありがとう」といってあげてください。

たが、自然破壊や海上汚染によって鳴らなくなった場所もある。

＊5 気仙沼大島の北東部、大初平《おおはつだいら》にある砂浜。長さ約200メートル、幅約30メートル。

＊6 国土交通省と農林水産省の報告書によると、20センチの海面上昇で36パーセント、60センチで83パーセント、80センチで91パーセントの砂浜が消失する。今世紀末までに海面水位は最大で82センチ上昇し、9割以上の砂浜が消える可能性があるという。

＊7 貝類は、海水をろ過し、プランクトンや有機懸濁物《けんだくぶつ》をエサとして海水を浄化する。たとえば、1個のカキが1日にろ過する海水は約400リットルといわれる。計算上、広島湾のカキは、海水を約5日でろ過する。

アスファルトやコンクリートが熱帯夜を増やし、環境を破壊する

「ヒートアイランド」[*1]の大きな原因は、都会から土の道の多くが消滅したからだと、不思議な世界の方は話されます。

クーラーのおかげで熱帯夜をやり過ごしていますが、このことも自然界を脅かしています。

郊外の2倍もの頻度で発生する都会の熱帯夜。

今年も炎暑は覚悟しないといけません。

アスファルトの道は、雨の日にぬかるむこともありません。細い道も美しく舗装され、車も楽々走れます。

でもアスファルトは、地球が呼吸しにくい場所をつくります。アスファルトの下には、世界でもトップクラスの土壌菌[*2]が棲んでいたのに、大きく様変わりしてしまいました。

真夏の熱を吸収する土の道のありがたかったこと。

*1 郊外に比べて都市部の気温が高くなる現象。緑地や水面の減少、太陽の熱を吸収・放射するアスファルトやコンクリートの増加、自動車や建物からの排熱、建物の密集による風通しの悪さが原因とされている。

*2 1グラムの土壌に約100万～1000万の微生物が存在するといわれる。本文中の「様変わり」に関する詳細は不明だが、国

夕方、家の前に打ち水をしていたころは、日本人の心の中に自然界への感謝がありました。

コンクリートが大中小のビルの山をつくるなか、アスファルトの道路は、お日様から見たら太陽光線を浴びせたくなる場所なのだなあと思ってしまいます。

便利と快適を人々が追い求めた結果、光化学スモッグや熱帯夜をつくりだしたことくらいは忘れずにいたいものです。

熱吸収率の高いコンクリートやアスファルトのある生活から抜けだすことが無理ならば、日中はセ氏60度[*3]にもなる舗装道路の熱をエネルギーに変える方法を考えてみる時期にきたとも思えるのです。

もしも、一軒一軒の風呂場で舗装道路の地熱が利用できたら、原発稼働を考えずにすむのでは、と思ってしまいます。

舗装道路に人工水路をつくれば地面の熱は大きく下がり、各家庭のエネルギー使用も少なくなります。とくに夏場は、家庭の経済に喜びをプレゼントできる気がします。

連食糧農業機関の調べによると、世界の土地の約24パーセント、日本の土地の約35パーセントが劣化しているという。

＊3 日差しの強い夏の日などは、路面温度がセ氏約60度に達することが知られている。なお、アスファルトは、都市面積の約20パーセントを占めるといわれている。

特定秘密保護法と防衛装備移転三原則！
今の日本は何かがおかしい

アメリカには国家安全保障会議*1というのがあるらしい。

大統領が正しい判断を下すために、大統領に助言する人たちがいるとか。

でもね。正しい判断って、少人数で下せるものでしょうか？

日本の政策も、四大臣会合*2で決まることが多い気がするのです。

総理、官房長官、外務大臣、防衛大臣。

この4人の判断って、正しいのかなぁ？

特定秘密保護法案*3が成立したことを、もう忘れてはいませんか。

特定秘密*4の範囲って、広すぎるのでしょう？

「防衛」については、国民の知る権利*5が奪われてしまったのですよね。近い将来、国家公務員法を犯した人物が逮捕されても、私たちが知らないうちに処理されることでしょう。

＊1 アメリカ合衆国国家安全保障会議は、国家安全保障法によって設置された大統領直属の諮問《しもん》機関である。安全保障政策の立案と情報集約、危機管理、関係各省庁の調整を進め、大統領に助言する。メンバーは、大統領、副大統領、国務長官、国防長官、統合参謀本部議長など。略称はNSC。

＊2 総理、官房長官、外務大臣、防衛大臣の四大臣会合は、日本の国家安全保障会議の中核でもある。

＊3 2013年12月6日に成立、2014年12月10日に施行。

＊4 特定秘密として指定できる情報は、日本の安全保障に関する情報で、①防衛、②外交、③特定有害活動の防止、④テロリズムの防止に関する事項のうち、特段の秘匿の必要性があるもの。

行政機関はこれからやりやすいことでしょう。自分たちにとって都合の悪い情報は隠せるのですから。

私たち国民が知る権利は、もう奪われてしまったと思います。

特定秘密保護法案が審議[*6]された時間をご存じですか。

衆議院で、約46時間。

参議院で、約22時間。

オスプレイ[*7]も買っちゃいましたし、何かがおかしい日本。

このシナリオを書いたのは、いったいだれなのでしょう。

防衛装備移転三原則[*8]が閣議決定されたために、武器の輸出ができてしまうのですよね。

迎撃ミサイル[*9]用の部品をどこの会社がつくるのでしょう。

この部品が輸出される日は近いと思います。また、戦闘機用ミサイルの研究開発に参加することも決定しています。

アア、日本が戦争に参加？

そんなことにならないよう、私たちも力を尽くしましょうよ。

＊5 たとえば、米軍基地に関する情報や自衛隊の海外派遣などの軍事・防衛問題が「特定秘密」に指定されると、国民の目が届かなくなると懸念されている。

＊6 具体的な審議時間は本文の記載どおり。ほかの重要法案の審議時間に比べて短いとされる。

＊7 平成30年度までに、オスプレイ17機と関連装備を約3600億円で導入する方針。このうち5機（410億円）は、平成27年度に購入ずみ。

＊8 武器輸出三原則に代わる政府方針。武器の輸出を基本的に認める内容となっている。

＊9 三菱重工が生産する部品がアメリカに輸出され、ミサイルそのものはカタールに輸出される。

日本の人口は年に27万人ずつ減っていき やがて5人にひとりが貧困層になる!?

かつて日本は、世界第2位の経済大国でした。[*1]

バブルが弾けて、25年以上の月日がたったのですね。

世界の人口は72億人。[*2]

日本の人口は1億2795万人。[*3]

日本の人口の自然増減数は、1年あたりマイナス27万人。[*4]

毎年27万人もの人口が減っているのです。これって、すごい数字です。鳥取県の人口が58・3万人なのですから。[*5]

これが現実の日本です。

第24回の参議院選挙から、鳥取県と島根県は選挙区が合併されました。いつの日か高知と徳島も、そうなるかもしれません。

待機児童[*6]の問題は、日本の未来にも大きな影響を与える一大事です。しかし、まだまだ他人事のように扱われています。

＊1　日本の国内総生産が世界第2位だったのは、1968年から2010年までの42年間。現在は、アメリカ、中国に次いで第3位。

＊2　2013年の推定総人口。

＊3　2011年6月1日時点での日本の総人口。

＊4　2015年5月に総務省がこの数字を発表した。

＊5　2012年の人口。2016年5月現在は57万人。

＊6　保育所への入所を申請しているのに、入所できない児童のこと。全国に4万人以上いる。

今から10年たつと、私は80歳です。

暗い話をしようとしているのではありませんが、来世で今のように原稿用紙に向かい、こうして書けているかは「?・」です。

だから、みんなして日本の未来のことを真剣に考えてほしいのです。子供たちが笑顔で暮らせる社会を、です。

計算上では、10年後の2026年には、日本人の人口が270万人減少することになります。

このままでいきますと、貧困者[*7]の数が5人にひとりという結果になることでしょう。暮らしにくい日本の現状が、もっともっと表面化するのは2020年の[*8]オリンピック後だと思います。

経済的な理由で就学困難な児童が多い日本といえば、私の子供の時代です。まるで戦後のようです。

結婚して子供ができて、食事のときに笑い声が絶えない家庭はどこに消えたのでしょうか。ひとり親[*9]とお子さんの暮らしを守れる日本は、いつ来るのでしょう。

＊7 厚生労働省による2015年の公式発表では、日本の貧困率は16パーセント。OECD（経済協力開発機構）に加盟する34か国のうち、メキシコ、トルコ、アメリカに次いで4番目に高い数字。

＊8 文部科学省によれば、生活保護法に規定する要保護およびそれに準ずる児童の数は、平成25年度で151万人にのぼる。

＊9 母子世帯・父子世帯に限った場合、貧困率は54・6パーセント。これは、OECD加盟国中ワーストーの数字。

葉物野菜がいっせいに姿を消す!?
日本の食と農業の未来が気がかり

これからの日本の農業は、どうなるのでしょう?

農村では、高齢化[*1]がそれはすごい勢いで進んでいます。

また、食料自給率[*2]の低下が心配です。

戦前[*3]の日本は、ほぼ食料自給率100パーセントでした。

どうしてこうなってしまったのでしょうね。

今[*4]では、日本の食料自給率は40パーセントほどだというではありませんか。食料の半分以上が海外の物です。

もしもですよ。国際的な紛争が起きたら、わが国ではたちまち食べる物がなくなります。

第3次世界大戦なる不名誉な戦いは「ない」と信じたいのはもちろんですが、いつどこで何が起きるかわからないのが今の世。農業を置き去りにした日本の未来には不安が残ります。未来の子供たち

＊1　農家人口に占める高齢者の割合は、平成27年の時点で38・6パーセント。参考までに、総人口に占める高齢者の割合は、26・2パーセント。農村の高齢化は、都市部よりも20年ほど先行しているという。

＊2〜4　一般にいう食料自給率は、カロリーベースで計算された数値。農林水産省によれば、平成26年度の食料自給率は、カロリーベースで39パーセント（生産額ベースでは64パーセント）。この数値は、先進国のなかで最低の水

のためにも、日本の農業を見直してほしいと切望します。
これからは少子化[*5]が進み、ますます生産者が減っていく県も出てくるでしょう。「農業の企業化」を改革の柱にしてもいい時期だと思います。

年金で暮らせない時代がやってきていますが、60代の方々には、まだまだ働く意欲があります。子供に頼れる時代が「終わった」と感じている人が多いようにも思います。農業とは関係のないことかもしれませんが、ふと書きたくなりました。

自然界も、日照りかと思うと日照不足だったりします。台風も洪水も、容赦なく私たちに襲いかかります。

でもね。今立ち向かわないと、葉物野菜がいっせいに売り場から姿を消す日が来るかもしれません。

３か月待ってやっと葉物野菜を目にしたとき、人々は、あって当たり前の世界などないことを知るかもしれません。

日本の食と農業の未来が、今日はとても気になります。

準。一方、昭和14年度（戦前）の食料自給率は、カロリーベースで86パーセント。近年では食料自給率の低下が問題視されているが、その陰で、年間５００〜８００万トンもの食品が、期限切れや規格外などの理由で廃棄されていることも忘れてはならない。

＊5 農村地域では、若い女性の流出と嫁不足が著しく、これが少子化の一因となっている。２０００年の国勢調査によれば、農業に従事する30〜49歳男性の未婚率は、平均的な数値に比べて、５〜８パーセント高い。

日銀の施策が日本経済を揺るがし、10年以内にふたたび大デフレが起こる!?

日本はこれからどこに向かっていくのでしょう。

「お金を増やすことを考えている人がいます」

こんな声が今日も突然、聞こえました。

お金を増やすことを考えている人は、そりゃあ、いっぱいいるに決まっています。そう思ったとき、また声が聞こえました。

「日銀[*1]です」

日銀? 日銀がお金を増やす[*2]という意味がわかりません。

「上場投資信託[*3]は、今のままなら近いうちに失敗する」

「日銀が取ったリスク[*4]は、きっと日本経済を揺るがすことになる」

「またまた、10年も待たずに大デフレになる」

聞こえたことを書きながら、頭の芯がちょっぴり痛くなってきました。だって、チンプンカンプンなのですもの。消費税の増税な

*1 日本銀行（日銀）は、日本の中央銀行で、物価および金融システムの安定が主たる業務。一般の銀行とは異なり、銀行券（紙幣）と貨幣の発行と回収、民間金融機関への資金供給などを行う。

*2 日銀が供給する通貨（マネタリーベース＝日本銀行券の発行高＋貨幣の流通高＋日銀の当座預金）を増やすという意味か？ 2016年1月末、日銀は、2パーセントの物価安定目標をできるだけ早期に実現するため、マネタリーベースが、年間80兆円に相当するペースで増加するよう金融市場調節を行うと発表した。

*3 上場投資信託（ETF）とは、一般社団法人投資信託協会のサイトによれば、証券取引所に上場し、株価指数などに代表される

らわかるのですが。

「GDP[5]はマイナス」

「設備投資[6]も今ひとつ」

「世界経済の不安定要素から来るどんでん返し」

「アメリカの流れが2016年の暮れに大きく変わる」

「日本が手を組む相手を間違えているので、2017年からはアメリカとの交渉事はやりにくくなる」

「日本の国債の格付け[7]が、今より下がるポイントあり」

「農政改革？　牛乳が高くなる」

「日本は景気がよいといえる要因が少ない」

「〝爆買い〟する中国人観光客が、ある日突然、姿を消す」

日本は赤い色で染まりそうです。

ひとりひとりは、それほど気にせずに生活するのでしょうが、平和な日本は、20年も続かないような気がしてなりません。だから今日くらい、幸福を味わいましょうよ。

指標への連動を目指す投資信託。株価指数の動きと、ほぼ同じ値動きをするよう運用される。そのため、ETFを保有すれば、証券取引所全体に投資をしているのと同じ効果が得られる。

*4　2016年1月末には、マイナス金利の導入も発表された。

*5　国内総生産。国内の生産活動による商品・サービスの産出額から、原材料などの中間投入額を差し引いた付加価値の総額。

*6　企業が、自社を経営するうえで必要な設備に対して投資すること。GDPを構成する主要な要素のひとつ。

*7　2016年6月現在、日本の国債の格付けは世界で14位。韓国や中国よりもランキングが低い。

世界一の借金国・日本の未来は？ 消費税はやがて20パーセントになる？

消費税が27・5パーセントもの国があるといわれます。[*1]

アメリカは、州都市ごとで税率が違うようです。[*2]

EU諸国では、20パーセント前後のところが多いようです。[*3]ノルウェー、ハンガリー、デンマーク、スウェーデンは、消費税が25パーセントと高い。

日本が5パーセントのころは、[*4]台湾、シンガポールと並んで、消費税が低い国の第1位でした。日本も近い将来、消費税が15パーセントになり、やがては20パーセントになることでしょう。[*5]

ギリシアの財政危機より深刻な、世界一の借金国・日本の未来を自分のこととして心にとめておかないといけません。

原油価格の下落のおかげで貿易赤字が縮小したとはいえ、油断は禁物です。

＊1 現在、消費税率が世界で最も高いのはハンガリーで27パーセント。2位はアイスランドで25・5パーセント。つづいてノルウェー、デンマーク、スウェーデンが25パーセント。

＊2 アメリカでは州ごとに消費税が異なり、最高はテネシー州の約9・5パーセント。モンタナ州など「0」の州もある。

＊3 EU諸国では、消費税の下限が15パーセントと定められており、20パーセント内外の国が多い。

＊4 日本の消費税が5パーセントだったのは、1997年4月から2014年3月。これは同期間中、先進国のなかでは最も低い数字。シンガポールでは、2007年7月に5パーセントから7パーセントになった。台湾の消費税は

中国の今後の動きに注目。[*6]貿易量の減少は、世界経済に悪影響をもたらすとも思われます。

中国は、次なる一手をいつ打つのでしょうか？

２０１６年の秋か、年内は見送り、来春か？

アメリカの[*7]シェールガスとオイル生産は、今後も世界経済を大きく揺らすでしょう。

円が[*8]１００円台になる要素が、どこにあるのかはわかりませんが、来るときは一気に来そうにも思えてきます。

「制裁金」という言葉が浮かびます。日本の企業が痛手を食らいそうにも思えます。

株のことはわかりませんが、上海《シャンハイ》株は、上下しながら下落と書きたくなりました。

東京証券取引所とニューヨーク証券取引所の[*9]一日のスタートは、どちらが早いのですか？「差がある値動き」という言葉が浮かびました。意味は不明です。

現在も5パーセント。

＊5 日本政府の債務残高は、2016年の時点でGDP比が232・4パーセントと世界一。ただ、その9割以上が日本国内での債務であるため、急激に破綻することはないといわれる。

＊6 2016年初頭、中国の2015年の貿易総額が、6年ぶりに減少したと報道された。

＊7 原油価格急落の背景には、アメリカのシェールオイル増産があるといわれている。

＊8 イギリスのEU離脱決議により、円は100円台となった。

＊9 日本とニューヨークの時差は13時間（サマータイム導入時は14時間）。ニューヨークの株価動向が、翌日の日本の株価に影響を及ぼすといわれている。

新型インフルエンザが猛威をふるう!?
狂牛病と結核にも注意が必要

新型インフルエンザが、人々を襲う日がやってくるような気がしてなりません。スペイン風邪[*1]のウイルスが、成長しているようにも思えるのです。

インフルエンザウイルスには型[*2]がありますが、「D型」といいたくなるような新型ウイルスが、今後5〜6年くらいの間に出現するようにも思います。できれば永遠に現れないでほしいのですが、こうして書いていると、もっと早まるようにも思ってしまいます。

新型インフルエンザが北朝鮮を襲ったら、どのような対策を取るのでしょうか。

鳥インフルエンザ[*3]も、地球上から消えたわけではありません。鶏肉を食べても感染することはないといわれていますが、ウイルスを保有した鳥と接触すると感染します。

＊1 1918年から1919年にかけて世界中で大流行したインフルエンザ。スペイン王室の罹患が大きく報じられたことから「スペイン風邪」と称される。世界の人口の約半数が感染し、死亡者数は2000万人以上。日本でも人口の約半数（2380万人）が罹患し、約39万人が死亡した。

＊2 現時点では、A型・B型・C型の3つに区分されている。

＊3 カモなどの水禽類が宿主となり、糞を媒介として鳥から鳥へと感染するが、感染した鳥やその排泄物、死体、臓器などに濃厚に接触することで、まれに人間も感染する。2004年から2016年5月にかけて最も発症者が多かっ

でもね。とても気になるのです。突然変異が起き、人類に脅威を突きつける日がやってきそうなのです。

どこの国がスタートになるのかはわかりませんが、パンデミックは急ピッチで勢いをつけはじめたとも思います。

今、中国の川の汚染が見えました。毒の川が人々に恐怖をもたらすのは、時間の問題のようです。

狂牛病も、まだ完璧に消滅してはいません。

中国[*4]は、過去の狂牛病を学びにしているのでしょうか。

牧畜牛の感染検査はどうなっているのでしょう。輸入牛肉は本当に大丈夫なのだろうかと、ふと気になりました。

もうひとつ気になるのが結核[*5]です。現在では心配しなくてもいいはずなのに、なぜか気になってしまいます。

農薬で育った野菜と添加物たっぷりの食品ばかりを食べていると、新型ウイルスや病気に抵抗する力が弱くなります。自分の健康は、自分で守らなくてはいけませんね。

たのはインドネシアの199人。そのうち167人が死亡している。2004年に、WHO（世界保健機関）、FAO（国際連合食糧農業機関）、OIE（国際獣疫事務局）の3機関は、鳥インフルエンザについて、「世界的な流行を引き起こす、非常に危険な人間の伝染病に変異する可能性がある」との共同声明を発表した。

＊4 国際獣疫事務局は2014年、中国の牛肉について「狂牛病のリスクはほぼない」と認定。

＊5 結核は、ふたたび感染者の増加が見られる「再興感染症」のひとつ。現在の日本の結核罹患率は、ほかの先進諸国と比べて数倍高い。集団感染の増加や、薬剤に耐性を持つ結核菌の出現などの問題が提起されている。

防衛装備移転三原則が大災害を招く!?
自然界と人間の「気」は連動する！

私たちは兵器をつくるために生まれてきたのではありません。

日本は変な国です。条件付きというだけで許される国です。

武器輸出三原則[＊1]を見直した安倍内閣。

防衛装備移転三原則[＊2]は、閣議決定されています。

国際的な共同開発に参加して、人殺しの武器をつくるってどんなことなのでしょう。

アメリカの武器の行方とは……。中国の東シナ海問題[＊3]だけが理由でしょうか？　日本のお金が目的なのでは、とも思います。

兵器の売り上げ[＊4]って、どこの国が上位なのですか？

日本企業も武器をつくっているのは現実のことですが、防衛産業[＊5]の売り上げはまだ低いようです。

インド、パキスタン、中国が、国境近くで戦争でも起こしたら大

＊1〜2　武器輸出三原則が、原則として武器の輸出を禁じた内容であるのに対し、防衛装備移転三原則は、条件を満たせば武器の輸出や、国際共同開発への参加が認められる内容となっている。

＊3　近年の中国は、東シナ海における資源開発を活発化。日中の中間線の中国側で、これまでに計16基の構造物が確認されている。また、尖閣《せんかく》諸島の接続水域に、巡洋艦クラスの中国船を送り込むなどの示威行動を展開している。東シナ海の排他的経済水域および大陸棚は境界が未画定で、日本は日中の中間線を基準にした境界画定を行うべきであるとの立場を取る。

変です。アメリカの向かう敵は中国かもしれませんが、日本に対しては、朝鮮半島のことで納得させようとしている気がします。

私の心配は、今までの歴史をふり返ってみても、こうしたことがつづくと、大災害[*6]がわが国を襲っているということです。

日本という国は、神が住んででもいるかのように、人々と自然界との「気」が合っているときは穏やかですが、人々の気が乱れると天変地異が起きています。

私たちひとりひとりが、未来の子供たちに何を残すのかを今考えないと、東日本大地震で見た自然界の脅威を、また近いうちに目にしなくてはいけなくなるように感じます。

富士山の噴火が先か、首都圏直下型の大地震が先か、南海・東南海が揺れるのか、北海道か、いずれにしても、体験したい人はだれもいません。

年々巨大化する雨の被害。台風も、私たちに「目を覚ましなさい」といっているように思えます。

＊4 アメリカが他国を大きく引き離して1位で、2位はロシア。3位以降は年によって異なるが、ドイツ、フランス、中国、スペイン、イギリス、イタリアなどがつづく。冷戦終結後、世界の武器取り引き量は激減していたが、2005年ごろからふたたび増加に転じている。また、国連の安全保障理事会の常任理事国が、常に武器輸出国の上位に名を連ねている。

＊5 平成25年の『防衛白書』によると、日本の工業生産額全体に占める防衛省向け生産額の割合は1パーセント以下。

＊6 たとえば第2次世界大戦の前後に、鳥取地震（1943年）、東南海地震（1944年）、三河地震（1945年）、南海地震（1946年）が起きている。

人口が減少し、空き家はますます増える!?
子供の6人にひとりが貧困という日本の現実

住宅が空き家[*1]になっているのをご存じですか？　ご存じならいいのですが、20年後には空き家が目立っているのが見えています。

これからの日本は、この空き家事情を見ても、人口が減少していくのがわかります。

こんなことを書くとお叱りを受けるかもしれませんが、マイホームを購入してローンを組むときは、その地域の20年後の人口と申しますか、発展と申しますか、そのあたりを慎重にお考えになってくださいね。きっと20年後には、想像を上回って空き家が増えていることでしょう。

私ね。最近では、この20年から30年という年月が、日本の未来を左右すると信じているのです。

いつ大災害がくるか知れませんし、経済だって大ピンチなのに見

＊1　国土交通省によれば、平成25年の時点で、全国の空き家は820万件。適切な管理が行われていないものは、防災、衛生、景観などの観点から、地域住民の生活環境に深刻な影響を及ぼしているとして、「空家等対策の推進に関する特別措置法」を公布。平成26年10月の時点で、全国401の自治体が、「空家条例」を制定している。なお、野村総研の予測によれば、空き家となった住宅の除去や、家屋の減築が進まない場合、2033年には空き家の数が2150万戸にのぼり、空き家率は30・2パーセントに上昇するとい

逃してしまう私たち。生き抜くには、まず足ることを知り、心に思いやりを宿し、己を慈しみ、人を慈しむことです。こんな思いの日々を送っていないと、いざというときに心が萎《な》えてしまいます。

子供たちだって、全員が幸福なわけではありません。

虐待[*2]のニュースを見聞きするたびに心が痛みます。また、17歳以下の子供の6人にひとりが、日々の食事[*3]を満足にできてはいません。能力のある子も、貧困のために進学できないのです。

これが現実の日本です。

私たちにできることはないのでしょうか？

「隣は何をする人ぞ」ではいけないのです。

ご近所同士で煮物を分けあい、だれが何歳で、だれが近々結婚するか、なんてことをわかっていた時代が日本にありました。国は、子供たちを見守ることを忘れ、募金でまかなおうとしています。

オスプレイ[*4]1機のお金があれば、子供たちに何かしてあげられるのに、というのが私の意見です。

う。

＊2 厚生労働省によれば、全国の児童相談所における児童虐待の相談対応件数は、平成24年度で6万6701件。これは、児童虐待防止法の施行前（平成11年度）の5・7倍に相当する。

＊3 厚生労働省によれば、子供の相対的貧困率は1990年代なかばごろから上昇傾向にあり、2012年には16・3パーセントと過去最悪の数字となった。これは、本文中の6人にひとりという記述に合致する。なかには、食事が給食だけという子供もいる。

＊4 オスプレイ1機の値段は約100億円といわれている。

謎の発光現象や異常な朝焼けなど、空を見あげれば地震の前兆が感じとれる

これからは、地震が気になるのであれば、空を見あげる習慣を身につけてくださいね。もちろん、見あげたときは「見守ってくださってありがとうございます」と、心の中でいってください。

今度、日本が大きく揺れるときには発光現象[*1]が起きます。地鳴りがしてからの発光は、地震がすでに始まっているサインです。

ただね。この発光現象って、見えないところもあるようです。

日が昇るには早い時間に、夕焼けのように空が赤く染まったとき[*2]も、地震だと思って心を引き締めることをおすすめします。朝方に地震が起きるときは、いつもより空が明るく感じられますし、夜が早く明けたようにも思えます。

ご自分が大切になさっている犬や猫、そのほかの動物たち[*3]が、いつもと変わらず過ごしているかを一日一度くらい見るようにするの

＊1　巨大地震の直前に、原因不明の発光現象が起こるということは、古今東西で伝えられている。海外では、2008年の四川大地震（中国）や2009年のラクイラ地震（イタリア）、日本では、阪神淡路大震災や東日本大震災をはじめ、2016年の熊本地震でも目撃例が報告されている。

＊2　巨大地震の発生前に、異常なまでに赤い朝焼けや夕焼けを目撃したとの報告が多い。

＊3　カラスやスズメがいなくなる、飼い犬がずっと吠えている、乗馬クラブの馬が落ち着かないな

もいいと思います。

私たちは、外を歩くときに靴などを履いているため、地面の深部の熱水が上昇していることや、硫化水素[*4]や二酸化硫黄《いおう》[*5]のようなガスが地面から出はじめていることに気づきません。だから、犬が散歩中にいつもと違う行動をとったときは、注意しましょう。

1975年に中国で起きた海城地震[*6]のことを一度調べてみてください。「微小地震の多発、そして静かになり、次には大きく揺れる」「動物の異常な行動」などなど。人々はこうした経験則に重きを置き、1975年2月4日の地震を予知することができました。

私たちはそもそも動物です。本来、身を守る勘は手にしているはずですが、現代人はどうもこの能力を低下させている気がします。

気をつけていれば、地下の動きを知ることもできます。

たとえば、アスファルト路面のゆがみや、その近隣の民家の水道の出方もポイントに思えます。

いつ何が起きるかわからない昨今。防災意識を高めましょう。


ど、動物のさまざまな異常行動が報告されている。

＊4〜5 どちらも火山ガスに含まれる代表的な成分で、硫化水素は卵の腐敗臭、二酸化硫黄《いおう》は刺激臭がある。

＊6 1975年2月4日19時36分に、中国の遼寧省海城市一帯で発生したマグニチュード7・3の地震。同日の朝、政府主導で住民に避難命令が出され、少なくとも十数万人の命が救われたといわれている。1960年代から、遼寧省近辺では地震活動が活発化していたため、当局が監視体制を強化。動物の異常行動や井戸水の異変といった宏観《こうかん》異常現象を広く集めて予知に成功した。

照の日記――4

物事にこだわりを持つと、
そのことが気になりすぎて、
自分にいいわけをしたくなりませんか。
こだわりって、何なのでしょうね。
こだわるからよい作品ができたり、
こだわりすぎるから、
よくわからない作品になったりもします。
欲を離れ、あっさりと生きる日も大切な気がします。

第5章

日本を取りまく国々と隠された真実

世界を動かす闇の王国の支配者は、ロックフェラーとロスチャイルド？

世界は、ほんのひと握りの人の思惑で動いています。

古代といわれる時代から、闇の王国があったとしたら？

ローマ[*1]の建造物を見ると、現代の重機をもってしても困難なほど巨大な石を持ちあげた知恵者がいたとわかります。古代人を侮《あなど》ることなど、だれにもできはしないと思うのです。

また、血族の間では、ときとして争いが起こりはしますが、どこかでつながりを保ちながら現在にいたっている気さえします。

ロックフェラー[*2]とロスチャイルド[*3]。

英国王室内では、血の問題が日本より重要な気がしています。

もしかすると、ダイアナ妃[*4]の悲劇は、血にまつわることもひとつの要因だったのではと、何となく思ってしまいます。

カトリック教会の頂点のローマ法王にもまた、闇の部分があるか

＊1 レバノン東部にあるローマ帝国時代の神殿、バールベックのことだろう。土台に使われている3つの巨石はトリリトン（脅威の3石）と呼ばれ、ひとつの重さが650〜970トン。建築物に使われた切石としては世界最大級。

＊2 アメリカを本拠地とする世界的な財閥。世界の石油産業に多大な影響力を持つほか、鉄鋼業、金融業、食品・化学会社など、多数の企業を傘下に収める。

＊3 世界的なユダヤ系財閥で、金融資本家の一族。18世紀のドイツで両替商を営んでいたマイヤー・アムシェル・ロスチャイルドを創始者とする。

＊4 ダイアナ妃の母親フランセス・ルース・バーク・ロシュ（旧姓）は、ユダヤ人といわれる。ま

もしれません。ヨハネ・パウロ1世*5はなぜ暗殺されたのでしょう。

あれ、こんなことを書いてびっくりしています。だって、私の記憶にないことを書いているのですもの。

「ブッシュ一族は、主流から外れた」

こんな思いも広がります。

アメリカ大統領選が近づき、人々はトランプ氏の動向が気になるでしょうが、現在、闇の王国に属する人たちも、大統領選の行方が読めなくなっています。

ローマ法王まで異例*6のコメントを出して、トランプ氏を引きずり下ろそうとしましたが効果がなく、だからといってヒラリー女史に諸手《もろて》を挙げて賛成するわけでもありません。「まぁ、いいか、彼女で」くらいのように思えます。

でも民衆は、どこまで裏の作戦に乗るのでしょうか。

アメリカ大統領選は、闇の王国にとっても重大事。今後のなりゆきいかんでは、トランプ氏の命に危険が及ぶ気がします。


た、アメリカ在住のジャーナリスト、ティナ・ブラウンの著作『ダイアナ・クロニクル』によれば、フランセスは、ロスチャイルド家の血縁であるユダヤ人実業家ジェームズ・ゴールドスミスと長年、深い関係にあり、ダイアナ妃はその娘ではないかという。

***5** 第263代ローマ法王。1978年8月26日に就任後、33日で急逝した。死因は心筋梗塞とされている。ロスチャイルド家の肝いりで設立されたバチカン銀行の改革に乗りだそうとした矢先の急死で、暗殺説が囁かれている。

***6** 2016年2月18日、フランシスコ法王は、「橋ではなく壁を築くことばかり考える人は、キリスト教徒ではない」と、トランプを批判した。

ロスチャイルド一族にまつわる話が、時空を越えて聞こえてきた!?

「ロスチャイルドの息子ナット[*1]は、自動車事故に気をつけなさい」

こんな声が聞こえたので、書いておくことにしましょう。

「ジェイコブ[*2]のファンドは大丈夫かなぁ」

こんな声も聞こえたので、書いておきます。

「スイスの裏で動きが忙しそうだ」

「おお、女帝リン[*3]があわただしく動くこと、動くこと」

聞こえたことを、ただ書きとめるだけになってきました。

「ジェイコブ、心臓は大丈夫か」

「ナット、いいかげんに女遊びはやめろ。それよりも働け」

「ハプスブルク家[*4]が、彼らの動向を監視している」

「イギリス[*5]が勝つか、フランスが勝つか。これは国の名じゃない。人だよ、人。わかっている人には、だれだかわかるよね」

＊1 ロンドン・ロスチャイルド家の第6代当主で、第4代ロスチャイルド男爵であるジェイコブ・ロスチャイルドの長男、ナサニエル・フィリップ・ロスチャイルドの愛称が「ナット」である。
＊2 ジェイコブ・ロスチャイルドは、RITキャピタル・パートナーズをはじめ、複数の投資会社を設立している。
＊3 エヴェリン・ド・ロスチャイルドの妻、リン・フォースター・ロスチャイルドか。雑誌「エコノミスト」の取締役で、ヒラリー・クリントンの支持者。
＊4 多数の国王や皇帝を輩出した、ヨーロッパ随一の名門王家。世界の富を牛耳るともいわれる。
＊5 ロスチャイルド家は、パリ本家（当主ダヴィッド）とロンドン

[*6]「5本の矢が揺らいでいるのが気になるなぁ」
[*7]「ワインのできはどうだい。人任せでは先が思いやられるね」
「今だよ、今。ロックフェラーに敵《かたき》討ちをするのは」
「内紛がまだつづくのかぁ」
[*8]「ナザエルは姉に頭が上がらないのだよ」
「当主だとか分家だとかいっているけど。ああ、首根っこをつかまれた」
[*9]「イヴィドは、子供のことで泣いているのだって」
[*10]「ダヴィドはどうだい。計画性が今ひとつだけど大丈夫かな」
「日本に近々来るのだって」

ええ？　だれが？
[*11]5代目騒動？

少し疲れました。だって、興味のないお話だし、意味がさっぱりわかりません。ロスチャイルドって、私には別世界のお話です。
皆、仲よくしてください。それが本当の平和ですもの。

分家（エヴェリン）、ロンドン本家（ジェイコブ）、パリ分家（バンジャマン）の3派に分かれ、長らく確執があったという。近年は、3派の間で統合が進んでいる。

***6** ロスチャイルド家の紋章には、盾の中に5本の矢が描かれている。これは創始者の5人の息子が築いた5つの家系を意味する。

***7** 「ロートシルト」と名がつくワインは、ロスチャイルド系列のシャトーで生産される。

***8** 「ナサニエル」のことか（*1参照）。3人の姉がいる。

***9** 「デーヴィッド」か？

***10** パリ分家の第5代当主、ダヴィド・ド・ロチルド。

***11** ロンドン本家に与えられた男爵位をだれが継承するかという問題だろう。

次期アメリカ大統領選には
ローズベルト元大統領の影が忍び寄る!?

ケニア出身の黒人を父に持つ移住2世のバラク・オバマ。

アメリカ建国以来232年目にして、アフリカ系の大統領が誕生しました。

女性初の大統領を目指していたヒラリー・クリントン上院議員は、2008年の大統領選でオバマに敗れましたが、次期アメリカ大統領がだれに決まるかで、日本の未来も大きく左右されます。

大恐慌の後、最も長い間、大統領の椅子に座ったのが*1F・ルーズベルトです。12年間も座りつづけた大統領の椅子は、どのような感触だったのでしょうか。

あのね。今教えてもらいながら書いているのだけどね。

ルーズベルトではなくローズベルトと聞こえるのですよ。

なのに、F・ルーズベルトと書いていました。

*1 アメリカ合衆国第32代大統領。任期は1933年3月4日〜1945年4月12日の12年間。なお、姓は「ローズベルト」と表記されることもある。

*2 第26代大統領セオドア・ローズベルト（ルーズベルトとも）。第25代大統領ウィリアム・マッキンリーが暗殺されたことを受けて、副大統領から大統領に昇格。任期は1901年9月14日〜1909年3月4日。ローズベルトは、カリブ海諸国の「慢性的な不正と無能」に対して、アメリカが国家警察として武力干渉することを正当であると表明し、ヨーロッパ諸国の干渉を排除して、カリブ海域の支配を目指した。こうした外交政策は、「大きな棍棒《こんぼう》を携え、

気にせずにつづけます。

あれ、やっぱり教えられていることが、少し違うような気がしてきました。

マッキンリー大統領が暗殺されて、副大統領から大統領になった人がローズベルト[*2]です。何を書こうとしているのかわからないのですが、カリブ海地域に強硬な外交政策をした人のようです。

次期アメリカ大統領選には、ローズベルト元大統領の影が忍び寄っていると、不思議な世界の方が教えてくれている気がします。

「共和党」という声も聞こえました。

ちなみにオバマ大統領は民主党？

「ネルソン[*3]ソン派が動く次期大統領選」

「ネルソン死しても思いが残る次期大統領選」

「ロックフェラー一族が民主・共和と揺れ動く[*4]」

「中曽根さんも渡邉恒雄《わたなべつねお》さんも、キッシンジャーさんも年をとったなあ」と、だれかがいいました。


穏やかに話す」というローズベルトの言葉から、棍棒外交と呼ばれる。なお、ローズベルトは、ロックフェラー家と近しい関係だったとの見方もある。

＊3 ジョン・ロックフェラーの次男で、第41代副大統領ネルソン・ロックフェラーに由来する言葉。ネルソンは、共和党穏健派の代表格で、社会政策についてはリベラル、経済政策については保守という立場をとった。このように、共和党のなかでも比較的リベラルな党員を「ロックフェラー・リパブリカン」と呼ぶ。

＊4 民主党と共和党、どちらが政権を取ってもロックフェラーの政権だとの声がある。

闇の勢力に流れた巨額のドルが動くと ニューヨーク株が揺れる!?

「アメリカを助けず、イスラエルに金を渡した」[*1]

原稿用紙に向かった瞬間、こんな声が聞こえました。

「あの時代が帰ってくる」

これは聞こえたのではなく、なぜか私が思ってしまいました。

「アシュケナジー[*2]・ユダヤ人は強大な力を持っている」

次なる声が、こう語りました。

「湾岸戦争[*3]の勝利は仕組まれていた。

だれが煽るのか、日韓[*4]の冷え込み。

いつの時代も仕かけ人がいる。あのときもそうだった。

アメリカでは、財政赤字や貿易赤字が経済を圧迫していた。

湾岸戦争は、一般市民に不満の火を点けることからはじまった」

「シオニスト・ユダヤ」[*5]とは、どのようなユダヤですか？

＊1 F・ルーズベルト大統領政権下の財務長官ヘンリー・モーゲンソウは、ロスチャイルド家の一員で、「アメリカ・イスラエル独立債券発行会議」の議長としてイスラエル建国を金銭的に支援した。

＊2 各地に離散したユダヤ人のうち、ドイツ語圏や東欧諸国に定住した人々と、その子孫をいう。イスラエルの指導者階級を構成する。複数形はアシュケナジム。

＊3 湾岸戦争は、東西の冷戦が終結した直後に勃発。冷戦終結によって市場を失った軍需産業に、新たな市場を与えるべく仕組まれた戦争だったとの見方もある。

＊4 日本は、アメリカのロックフェラー家との関係が深いとされている。一方、2013年には、ロスチャイルド・パリ分家の次期後

「ブッシュ[*6]とベイカー[*7]。彼らがなぜ強気に出られたのか——。そこには闇の勢力の後押しがあったからだ。

ブッシュには自信があった。マドリードでの中東和平会議[*8]の場。シャミル[*9]は、泣く泣くこの会議に出席した。

100億ドルの融資保証がイスラエルに行われていたら、オリン[*10]ピア○○ヨークは倒産しなかった（○○は聞きとれない）」

あのころユダヤ教本部に流れた巨額のドルが、今動きだそうとしているのです。

これからは、イギリス経済から目が離せません。

今もそうですが、あのころはもっと白人としてのプライドが高い人々がいました。あのときの溝が今は「しこり」となり、動きだそうとしているのです。

「次なる大統領選までに、今の仕かけがうまくいくと、ニューヨーク株が揺れる」

訳がわからないまま、こんなことを書いてしまう私がいます。

継者と目されるアレクサンドル・ド・ロチルドが、2泊3日の旅程でひそかに訪韓している。

＊5 ユダヤ教の「約束の地」であるカナン（パレスチナの古称）に、ユダヤ人の民族国家を築こうとする人々。

＊6〜7 第41代大統領ジョージ・H・W・ブッシュと、国務長官ジェイムズ・ベイカー。

＊8 湾岸戦争後、アメリカ主導で開かれた和平会議。

＊9 イスラエル国第8・10代首相のイツハク・シャミル。アメリカの圧力により、中東和平会議に渋々参加したといわれる。

＊10 カナダに拠点があった世界的な不動産開発会社オリンピア・アンド・ヨークだろう。1992年に破産した。

インド洋に浮かぶディエゴ・ガルシア島が、これからさまざまな歴史をつくる？

「エイレーネー・ヒュミーン」[*1]

こんな言葉が聞こえたかと思うと、

「サラーム・アライクム」[*2]と、別の人の心の声が聞こえました。

「シャローム」[*3]と聞こえたかと思うと、

「マ・サラーマ」[*4]と、だれかがいいました。

何語かはわかりませんが、ひとつの国の言葉とは思えません。

「イスラエルはヤコブの名前」[*5]

そうなのだ、ヤコブの名がイスラエルなのだと、何となく納得した自分がいて驚きました。

「イスラ＝戦う。エル＝神」[*6]

まさかとは思うけれど、そんなふうに思えたので書いておきます。

もしもイスラエルの意味がそのとおりなら、戦う神様がおられるの

＊1 ギリシア語の挨拶で、「こんにちは」「こんばんは」に相当。意味は「平安があなたがたにあるように」。『新約聖書』の「ヨハネによる福音書」に使われている。

＊2 アラビア語の挨拶で、意味は＊1と同じ。正しくは「アッ・サラーム・アレイクム」で、こういわれたら「ワ・アレイクム・サラーム」と返す。

＊3 ヘブライ語の挨拶で、意味は「平安」。前項のサラームと語源が同じである。

＊4 アラビア語で「さようなら」「お元気で」の意。正しくは「マッサラーマ」。

＊5 『新約聖書』の「創世記」によれば、ヤコブは天使（神）と夜明けまで格闘して勝利した。神はヤコブを祝福し、イスラエルと名

かもしれません。

「イェルーシャーライム[*7]は……」

つづきの言葉が聞こえません。意味不明の言葉がつづいた後に、「ディエゴ・ガルシア[*8]」と、だれかが先ほどより大きな声で、だれかに話しかけているように聞こえました。

「この島が、これからさまざまな歴史をつくります」

やっと日本語が返ってきました。

「ディエゴ・ガルシアって島なのだ」とは、私の心の声。

16世紀初頭までは無人島だったとか。

この島には秘密がいっぱいあるようです。007のご登場と願いたいのですが、イギリス[*9]と縁の深い島らしく、すでにイギリスは、この島のことをよく知っているようです。

でもね。変な電波というか、飛行機[*10]のような物体が空を飛ぶと、計器に異常が起きる気もします。

とても気になる島「見つけ」と思いました。

のるよう告げる。これがイスラエルという国名の由来となった。
*6 「創世記」には、「神（エル）と戦った（サラ）」に由来する旨が記されている。
*7 「エルサレム」をヘブライ語の発音に近づけると「イェルーシャーライム」となる。
*8〜9 ディエゴ・ガルシアは、インド洋に浮かぶ島で、イギリスの属領。イギリス政府がアメリカに貸与しており、アメリカ海軍の基地がある。
*10 2014年3月8日、マレーシア航空370便が突然、消息を絶ち、世界中の注目を集めたことは記憶に新しい。同機は、何らかの理由でディエゴ・ガルシア島に向かったのではないかとの噂が流れている。

イスラム暦のラマダーンには人々の心に共通の思いが生まれる

いつものように突然、横文字が聞こえました。

「シャハル・バラカ」[*1]

「ラマダーン」[*2]

もちろん、意味などはわかりません。

「太陽暦より1年の日数が11日少ないのがイスラム暦」[*3]

「そうなんだぁ」と相槌を打つ間もなく、だれかが話している言葉に聞き入ってしまいます。「だれか」の姿は見えないものの、不思議な世界の方としかいいようがありません。

「イスラム暦は、1年の日数が11日少ないので、毎年少しのズレができてしまう。断食月が酷熱の夏だったり、冬に当たったりすると、かなりの苦行になる」

「太陽が昇る2時間前くらいから日の入りまで、食べることも飲む

*1「シャハル」はアラビア語で暦上の「月」、「バラカ」は「神の恵み」。「神の恵みの月」という意味か。

*2 イスラム暦(ヒジュラ暦)における9番目の月の名称で、「灼熱」を意味する。この月、イスラム教徒は、日の出から日没まで飲食を絶ち、神の恵みに感謝する。ただし、本文の後半で述べられているように、全員が例外なく断食の義務を負うわけではなく、各人の健康状態などが優先される。

*3 イスラム暦は太陰暦(月の周期を基準とする暦法)であるため、1か月が29日または30日、1年(12か月)が約354日で、太

ことも夕バコも禁止。肉体関係も禁じられ、唾も飲み込めない。薬を体内に入れることは許されず、もちろん結婚も好ましくない」

私たちにできるでしょうか？

断食というと、私なんか痩せることにしかつながりません。

「シャハル・バラカ」の意味はわかりませんが、神様とつながっている人々の思いのように感じます。

次の話の内容に、私はすごく興味を持ちました。

断食は、すべての人がするのかと思っていたら、どうも違うみたいです。病人[*4]、老人、旅人、戦場の兵士、12歳までの子供、生理中の女性、妊婦、赤ん坊がいる母親、出産したばかりの女性。こうした人々は、断食が禁じられているようです。

毎年、必ずやってくる断食月。

あなたはどのように思いますか。

王であろうが、大臣や金持ち[*5]であろうが、一緒にお腹を空かせるのですから、人々の心に共通の思いが生まれるのかもしれません。


陽暦より11日少ない。したがってラマダーンの季節が少しずつズレていき、約33年周期で一巡する。「イスラム教徒は、同じ季節のラマダーンを人生で2度経験する」という言葉があるそうだ。

＊4『コーラン』第2章185節には「病気の者、または旅路にある者は、後の日に、同じ日数を断食する。アッラーはあなたがたに易きを求め、困難を求めない」とある。

＊5 ラマダーン中、多くのイスラム教徒は『コーラン』を通読する。また、断食の経験を通して、飢餓に苦しむ人々への共感をはぐくむことが重視されるという。

北朝鮮の独裁体制がつづくと、やがては国民の6割が飢餓に苦しむ？

[*1]世界の平均寿命は、男性68・72歳、女性72・93歳です。

私も寿命が気になる年齢になりました。

でも、心の中は乙女です（笑）。

災害さえなければ日本は平和ですが、お隣の国の北朝鮮では、人口の4割[*2]もの人々が飢餓に苦しんでいます。

独裁体制がこのままつづくと、6割もの人々が飢餓状態になる日は近いと思います。

飢餓状態が深刻化しても、無関心な金正恩第一書記[*3]。

[*4]現在32歳の第一書記ですが、37歳という年齢が、理由なく聞こえにくいのが気になります。

人口2490万人[*5]の北朝鮮。そのうち622万5000人もの人が飢餓状態というのですから、心に苦しいものが広がります。

＊1 ＷＨＯ（世界保健機関）が2016年5月に発表したデータによると、世界の平均寿命は男性が69・1歳、女性が73・8歳。

＊2 国連の調べや北朝鮮メディアの報道によると、2015年に北朝鮮は、過去100年のなかで最悪の干ばつに見まわれた。ＣＮＮの取材によれば、干ばつの影響で、水田の約4割が干あがった。

＊3〜4 この原稿は、2015年10月に執筆されたため、金正恩の肩書きは「第一書記」で、年齢は32歳となっている。2016年現在、肩書きは「委員長」で、年齢は33歳。

＊5 2490万人というのは、2

このことを見ても、この国の将来に輝かしさはありません。

それと、南北の問題も、両国にとっては重要課題です。

朝鮮戦争をしても勝算のない北朝鮮。アメリカ軍の動きも気になることでしょう。共同警備区域[*6]内で、事件がいつ起きてもおかしくないのが現状のようです。

北朝鮮は、静かに過ごさなければ潰されるのが現実ですが、金正恩第一書記は、それが腹立たしいのだと思います。

海軍警備艇[*7]の今後の動きに注目してください。

延坪島《ヨンピョンド》[*8]では、北朝鮮は、自軍の動きを正当化できるような戦いを心から望んでいる気もします。

父親以上の激しさが気になる第一書記。

北朝鮮の運命は、すべてこの人にかかっています。

「何かの記念日に、何かを仕かける」

この国に、事を起こす理由などいらなくなりました。でも、飢餓で苦しむ国民がこれだけいる国に、国力はないといえます。


0１３年における人口。国連の調べによると、２０１５年の時点で、人口は２５１５万５０００人。

***6** 韓国と北朝鮮の軍事境界線をはさんだ一定の区域。韓国軍やアメリカ軍を中心とする国連軍と、北朝鮮軍が共同で警備しているため、このように呼ばれる。

***7** ２０１５年10月、北朝鮮警備艇が、韓国の領海に数百メートル侵入。韓国海軍高速艇が機関砲５発を警告射撃するという事件が起こった。

***8** 韓国と北朝鮮の軍事境界線近くにあるふたつの島、大延坪島《テヨンピョンド》と小《ソ》延坪島の総称で、韓国が実効支配している。２０１０年11月、この島の近海で韓国軍と北朝鮮軍による砲撃戦が起き、両国間の緊張が高まった。

中国のスーパーコンピューターが核開発をエスカレートさせる!?

[*1]「スーパーコンピューター」

よくわかりませんが、すごいのでしょうね。

不思議な世界の方に教えてもらったのですが、[*2]1秒間に1000兆回の計算ができるのですって。すごすぎますね。

[*3]タイタンって、船かなぁ。

せこいあ、せこいやぁ。まさか。[*4]「せこいあ」が頑張っています。

計算速度はダントツだそうですが、[*5]中国はミスをしそうです。

速度アップがどれだけ重要なのですか?

それよりも、サイバー攻撃によってペンタゴンまでが狙い撃ちされる日がくる気がしています。

北朝鮮は、核をもっと進歩させるべく動くでしょう。

[*6]水素爆弾の実験は完璧な成功ではありませんが、威力拡大の研究

＊1 気象予測、天文学、化学、物理学などのさまざまな分野において、大規模な演算を超高速で行うための大型コンピューター。略称は「スパコン」。
＊2 「１秒間に１０００兆回の計算」は、２００８年に、ＩＢＭのスーパーコンピューター「ロードランナー」が達成。
＊3 アメリカ合衆国オークリッジ国立研究所のスーパーコンピューター。２０１２年６月の時点で、演算が世界最速だった。
＊4 「セコイア」は、ＩＢＭが開発したスーパーコンピューター。アメリカ合衆国国家核安全保障局ローレンス・リバモア国立研究所に設置されている。２０１２年１１月の時点で世界最速だった。
＊5 ２０１３年には、中国人民解

というより実施すべく、今日も計画は進められています。

北朝鮮への制裁を耳にするたびに、あの国の国民生活は大変になるだろうなぁと心配になります。

中国との国交が絶たれると、国民の多くは飢餓に苦しみそうにも思います。いつの世も、一般市民はトップの行動によって生死が決まるのが残念です。

ミサイル発射計画は、今後も行われるでしょう。すべて成功ならまだいいのですが、失敗[*7]して落下したらどうなるのでしょう？

撃ち落とせる[*8]って本当ですか？

２０１７年から２０１８年にかけては、今よりもっと悪化しそうです。北朝鮮という国が目指すことではなく、トップの個人的感情で事を進めている気がしますが、考え方を緩和路線に変えないと、ご自身が大変な思いを体験される気がいたします。

拉致被害者のご家族様は、高齢になられました。

一日でも早い解決を願うひとりです。

放軍国防科学技術大学の「天河2号」が、「1秒間に3京3860兆回の計算」を達成し、現時点で世界最速。米商務省によれば、核開発に利用されているという。

＊6 2016年1月6日、朝鮮中央テレビは、水爆実験の成功を発表。ただ、各国機関が観測した爆発の規模が小さかったため、懐疑的にとらえられている。

＊7 2016年5月、韓国軍によると、北朝鮮は中距離弾道ミサイル「ムスダン」の発射に失敗。現場にいた技術者らが死亡した。

＊8 防衛省・自衛隊は、迎撃システムを構築しているが、ブースト段階（ミサイル発射後、ロケットエンジンが燃焼して加速している段階）で捕捉できない場合は迎撃が難しいともいわれている。

「AIIB」には裏がありすぎる!? 人民元は日本円をターゲットにしている

不思議な世界の方に教えていただく内容が、私には難しいときがあります。「うまくお伝えできていないかなぁ」という思いがついて回りますが、なるべく書いた原稿は読み直しません。読み直すと、「アチャ〜」と思う文章になっていることが多いからです。

私の文章をウェブサイト「幸福への近道」にアップするために、パソコンに打ち込んでくださっている方の苦労もわかります（笑）。

そんな思いも込めてお伝えしたいのが「中国」です。

中国が存在感を示した「AIIB」[*1]というのがあるらしいのですが、何やら裏がありすぎます。

中国はトップの出資国。中国の政治家のなかで、金欲の強い人が動き、政治的背景が色濃くなっています。

それに、「ADB」[*2]には気をつけないと、何やら中国が、スパイ

*1 「アジアインフラ投資銀行」の略称。2013年10月に習近平国家主席が構想を提唱し、2015年12月に発足。資本金の目標は1000億ドルで、中国がそのうち約30パーセントを出資。中国の議決権も大きく、1国だけで理事会が扱う重要案件を否決できるため、資金の大半が中国の意向に沿って動くと見られている。現在、イギリス、ドイツ、インドをはじめ57か国が加盟。日本とアメリカは加盟していない。

*2 「アジア開発銀行」の略称。アジア・太平洋地域における経済開発の促進を目的として投資・融資・技術支援を行う。発足は1966年で、現在67か国が加盟。日本とアメリカが最大の出資国で、歴代の総裁はすべて日本人。AD

とは違うのですが……。ああ、やはりこの手のことは、書くのが難しいようです。そもそも、ＡＩＩＢもＡＤＢも、わからずに書いているのですものね。

人民元は、日本円をターゲットにして、２０１６年から２０１７年の秋までに追い込みを強化しそうです。

「通貨バスケット[*3]」ってどういう意味ですか？　人民元が参加？

何だかわからないけれど、中国は、勢いだけはすごいです。

ＡＤＢについて日本は、アメリカの思いのまま動かされているみたいです。また、日本がお金を使うかもしれません。日本の子供の６人に１人が貧困だというのに。

急に「あれ？」と疑問が湧きました。

イスラム国は、中国[*4]をテロのターゲットにしていないのです。

「意味が深そう」

こんな言葉が、不意に私の口から出てしまいましたが、ウイグル[*5]自治区は別かなぁ……。

Bにとって中国は最大の借金国で、2014年の時点で、貸し付け総額の約26パーセントを占めている。

＊3 通貨バスケット制とは、自国通貨の交換レートを、複数の貿易相手国の為替相場に連動させる方法。複数の通貨を「バスケット（かご）」に入れ、ひとつの通貨のように扱うため、こう呼ぶ。シンガポールやロシアが採用しており、中国も移行すると発表した。

＊4 中国には、ウイグル族や回族をはじめ、イスラム教徒が約2000万人いる。

＊5 2014年8月、IS幹部が、中国共産党政府によるウイグル弾圧に怒り、報復宣言をした。ウイグル周辺にISの拠点をつくるとの情報も流れている。

中国に「五代十国」の時代が再来！
チンギス・ハンのような人物の登場も？

「平城京に遷都したのは何年？」

こんなことをだれかに問われたら、ブザーを押して「710年」と答えたくなります。歴史の年号はほとんど覚えていませんが、これだけは今でもすぐに出てきます。

「西ゴート王国[*1]が滅亡したのは次の年」

と、不思議な世界の方に今教えられても、西ゴート王国がどこの場所にあるかもわかりません。

天武《てんむ》天皇[*2]が崩御なされ、皇后が持統《じとう》天皇[*3]として即位されたのが、このころだった気がします。

近い将来、もしかすると日本にふたたび女性の天皇様が誕生されるかもしれません。

700年代といえば、楊貴妃[*4]が浮かんできます。

*1　415年に、西ゴート族が建設したゲルマン系王国。フランス南部からイベリア半島を版図とする。711年に、イスラーム勢力との戦いによって滅亡した。

*2〜3　第40代・天武《てんむ》天皇の在位は673〜686年。没後は、皇后の鸕野讃良皇女《うののさららのひめみこ》が即位し、第41代・持統《じとう》天皇となった。在位は690〜697年。

*4〜5　楊貴妃は、唐の第9代皇帝・玄宗の皇妃。生没年は719〜756年。玄宗の寵愛を独占し、楊貴妃の一族も高位についたことが遠因となって安禄山の乱が起こり、命を落とす。このとき玄宗は、腹心として仕えていた高力士の強い進言を受け、やむなく楊貴妃に死を賜った。最期は、高力士の手によって縊死《いし》させられたと

ただね。玄宗皇帝[*5]は、楊貴妃を殺すよう命じたのではなく、愛する楊貴妃を逃がしたみたいです。もしかすると、日本[*6]のどこかにたどり着いていたかもしれません。

唐という帝国は、アラル海から黄海までと、じつに広い版図を誇りました。朝鮮半島のなかでも新羅《しらぎ》[*7]との関係が深かったのですが、２９０年で歴史の幕を閉じました。

いつの時代でも、権力争いは内部で起きます。

「五代十国《ごだいじっこく》」[*8]

この言葉を聞いていると、中国の今後が、なんとなく見えてくるような気がします。

権力争いは世の常。

１党にしか見えない中国ですが、これからの10年が勝負どころだと思われます。

中国で、ふたつの王朝が生まれることはもうないと思いますが、チンギス・ハン[*9]のような人が登場するかもしれません。

伝わる。

＊6 山口県長門市には、楊貴妃を乗せた船が漂着し、同地で息を引き取ったとの伝説がある。市内の二尊院には楊貴妃の墓ともいわれる五輪塔があり、ご本尊は、楊貴妃の死を悼んだ玄宗皇帝から贈られたと伝えられている。

＊7 三国時代に、新羅《しらぎ》と唐が手を組んで百済《くだら》と高句麗《こうくり》を滅ぼし、朝鮮半島を統一した。

＊8 唐の滅亡（９０７年）から宋が成立（９６０年）し、全土を制するまでの時代をいう。５つの王朝が興亡し、各地に多数の国があったことに由来する。

＊9 モンゴル帝国の初代皇帝。各地の遊牧民族を統一し、中国北部から東欧にまで達する、人類史上最大規模の帝国を築いた。

張作霖の血を受け継いだ人物が、これからの東アジアを変えていく？

＊1 張作霖《ちょうさくりん》という人がいたそうです。

「馬賊＊2だった」とも聞こえました。

馬賊という言葉で思い描くのは、馬を巧みに操り、大平原を縦横無尽に走りまわる勇姿です。

張作霖がこの馬賊だったのかは私にはわかりませんが、今、不思議な世界の方に見せていただいたお顔は穏やかで、口髭があるものの、強面な人には見えません。

張作霖という名だから中国人なのだろうけど、私には日本人に見えてしまいました。

なぜ張作霖なる人のことを書いているのかは不明ですが、192＊3 8年の6月は、日本でひとつの歴史が動いたようです。

張作霖は機知に富み、会う人を虜《とりこ》にする能力を持っていましたが、

＊1 中国の軍閥《ぐんばつ》政治家。奉天《ほうてん》軍閥の総帥で、満州の統治者。満州に駐在する日本の関東軍の庇護を受けて勢力を伸ばした。生没年は1875〜1928年。

＊2 清《しん》朝末期（19世紀初頭）ごろから中国東北部（満州）で勢力をふるい、略奪などを行っていた騎馬の武装集団。

＊3 1928年6月4日、中国の奉天（現・瀋陽市）近郊で、張作《ちょうさく》霖《りん》の乗っていた列車が爆破された（張作霖爆殺事件）。当時、日本では真相が隠されたが、戦後の東京裁判などで、日本の関東軍による犯行だとわかった。この張作霖爆殺事件を、日本による中国侵略のはじまりとする見方もある。

＊4 中華民国の初代総統。中国国民党を率いた孫文《そんぶん》の後継者。孫文

自分の未来が見えなかったのかもしれません。彼があと7年、生きながらえていたら、*4蒋介石《しょうかいせき》の人生も変わっていたように理由なく思いました。関東軍もまた、流れを変えていたことでしょう。

今、張作霖が残した資産*5が、中国の人民軍の中で大きな動きをつくりあげていると思えるのです。

これからの30年、東アジアは動乱期に入ります。

馬賊といわれた人々の心構えは消えたかに思われますが、自分たちの住む地区だけは守ろうとする集団と申しますか、民族を守る集団と申しますか、弱者が立ちあがる日が近づいている気配を感じます。張作霖なる人の血を受け継いだ人の中に、その人物がいる、とも書きたくなりました。

安倍総理に、*6岸信介《のぶすけ》元総理が好きだった孟子《もうし》の言葉を送りたい。

「*7天、将《まさ》に吾《われ》に大任を下さんとする秋……」

張作霖と岸信介との接点*8はわかりませんが、中国内部、いえ、中国国内に変化が起きている気がします。

の死後、その遺志を継いで各地を支配する軍閥の排除を進め、張作霖のいる北京に迫る。この戦いを逃れようとした張作霖が列車で移動中、前項の事件が起こった。

***5** 詳細は不明。

***6** 安倍晋三の祖父で、第56・57代内閣総理大臣。

***7** 第2次大戦後、A級戦犯容疑者として巣鴨拘置所に収監された岸信介《のぶすけ》は、獄中でこの言葉を記し、自分の出番がくることを信じたという。原典は「天の将《まさ》に大任をこの人に降《くだ》さんとするや」で、孟子《もうし》と告子《こくし》が性善説をめぐって論争した際の言葉とされている。

***8** 張作霖の死から8年後、岸信介は満州国の国務院実業部総務司長として現地へ渡り、同地域の経営に強力な影響を及ぼした。

金が大きく動くと戦争が起きる!?
イラク戦争とサブプライム・ローンの関係とは？

意味がまったくわからないのですよね。

でも、書きたいのです。

あのね。

金、ポンドの交換停止。

金、ドルの交換停止。

各国が金本位制[*1]に移行したことってあるのですよね。

金って、なぜ人々を虜《とりこ》にするのでしょう。

アメリカが、1960年[*2]に金を流出させたのです。

アメリカは、どれだけ金を持っているのでしょう。

金が大きく動くと、戦争が起きるような気がしています。

あれ、書けそうな気がしてきました。

各国[*3]が金本位制に移行して15年後に、第1次世界大戦が勃発。

*1 金本位制度とは、各国の中央銀行が保管する金と同じ額の紙幣を発行し、金と紙幣の等価交換を保証するもの。最初に実施したのはイギリス（1816年）。

*2 第2次大戦後の世界経済は、ドルを基軸通貨とし、ドルと金の交換をアメリカが保証することで安定していたが、ベトナム戦争などの膨大な出費でアメリカが疲弊する一方、西欧諸国や日本が経済成長を遂げ、1960年代にはドルの価値が急落。各国がドルを金に交換したため、アメリカの金の保有量が下がった。

*3 西欧諸国につづいて日本とロシアが1897年に、インドが1899年に、アメリカが1900年に金本位制度を採用。第1次世界大戦の開始は1914年。

金とポンドの交換停止の8年後に、第2次世界大戦が勃発。[*4]
金とドルの交換停止はニクソン・ショックを生み、イラク戦争は[*5]
サブプライム・ローンの危機を呼び込んだ気がするのです。[*6]
だってね。
イラク戦争から4年目に、この問題が起きたのですもの。
話は変わりますが、中国は、元《げん》を国際通貨にしたいのですが、その目論見が外れているみたいです。金融の世界に打って出ることも、今の中国にはできないと思います。
ふと、習近平《しゅうきんぺい》国家主席の顔が浮かびました。江沢民《こうたくみん》派と縁を切ったのかは今ひとつ感じ取れませんが、何かしら整理できた気になっているように見えます。
金とドルと元の絡みはわからないものの、上海閥《シャンハイ》と人民解放軍のトップが持つ金の力で、何かの計画を進めているように思います。
でも、バブル崩壊は延ばせても、汚しに汚した川の水のツケは、今のままにしておくなら、人々の体を蝕《むしば》みつづけることでしょう。

＊4 1929年にはじまった世界恐慌の影響を受けてポンドの価値が急落したため、1931年、イギリスのマクドナルド労働党内閣は金本位制度を停止。管理通貨制度に移行した。第2次世界大戦の開始は、8年後の1939年。

＊5 1971年、ニクソン大統領は、ドルと金の交換停止をはじめとするドル防衛策を発表。ドルを基軸通貨とする世界経済に激震が走った。

＊6 イラク戦争（2003年）の出費と石油価格の高騰によってアメリカ企業が株価を下げ、その穴埋めとしてサブプライム住宅ローンが推奨されたが、住宅価格の下落により不良債権化。2007年には危機的状況となり、翌年のリーマン・ショックにつながった。

世界同時株安への対策は金利の引き下げ？「ナンキンさん」とはだれのこと？

今からどのくらい前だったのでしょう。世界同時株安[*1]を経験したのは？

「ナンキンさん[*2]（？）が金利を引き下げた」

こんな声が聞こえました。

金利の引き下げって、日本もやったのですよね。

ナンキンさんは、金利を引き下げて成功したのかなぁ。

経済のことはわからない私ですが、気になることを聞いた気がしたのでお伝えいたします。

「不正経理[*3]がばれるみたいです」

どうやら、有名な会社のようです。もしかすると、アメリカの会社？　それとも、日本の会社でしょうか。

何だか知らないけれど、問題続発ですって。

＊1　2008年のリーマン・ショック後、共和党は公的資金を投入するという救済策を打ちだしたが、議会で否決されたため、世界的な株の下落が起こった。また、2016年初頭も、中国経済の鈍化、原油価格の暴落、アメリカの金融引き締めなどの影響により、世界同時株安で幕を開けた。

＊2　アメリカ中央銀行の連邦準備制度（FRB）理事会・第14代議長であったベン・バーナンキのことか？　議長在職中、サブプライム問題に対処するため、フェデラル・ファンド金利（FFレート＝アメリカの民間銀行が、中央銀行へ無利子で預託する準備金を維持するために、民間銀行同士で貸し借りを行うときの実勢金利）を引き下げることで住宅ローンの金利

時期はわかりません。ごめんなさい。

でもね。こんなことを書く気になったので、そんなに遠い日ではないようにも思います。

住宅ローンの金利が低いから、マイホームは買いどきだと思っている人は、よく考えてくださいね。

なぜって、理由はわからないけれど、サブプライム・ローンのときのようなことが、日本にも起きる日がくる気がするのです。

アメリカの大統領選挙では、どなたかがビックリ発言をしそうな雰囲気もあります。２０１６年は、秋までにアメリカ発の出来事が起きるようにも思いますし、大災害もとても気になります。

中国も株価も、変動する気配がムンムンです。

歪んだ見方かもしれませんが、北朝鮮の核問題やミサイル発射問題については、どこかの国が北朝鮮に目を向けている間に、何かを起こすような計画が立てられているかもしれません。

イギリスでも、海外労働者の問題で、変化が起きる気がします。*4

を下げ、サブプライム・ローン債務者の負担を抑えた。金利は、2007年から段階的に引き下げられ、2008年には事実上のゼロ金利となった。

*3 この原稿が執筆されたのは2016年3月7日以前だが、3月18日に、東芝の子会社であるウエスチングハウス（WH）、東芝アメリカ社、東芝インターナショナル米国社などが、米司法省と米証券取引委員会の調査を受けているとの発表があった。

*4 2004年に東欧諸国がEUに加盟して以来、イギリスへの移民がさらに増加し、国内の労働者と職を奪いあうことになった。こうした状況を背景に、2016年6月、国民投票においてEU離脱が採択された。

アメリカの弱点は「ローン」にあり！巨大ハリケーンやシアーにも油断禁物

安倍総理が、伊勢志摩サミット[*1]で語った世界同時不況は、本当に起きるのでしょうか？

リーマン・ショック[*2]でニューヨーク証券取引所が大混乱になってから、どのくらいの年月がたったのでしょう。

遠い昔の出来事のような、ついこの間の出来事のような……。

数か月で株価が50パーセントも下落したら、世界経済はどのようなことになるのでしょうか。

サブプライム・ローン問題と、自動車ローンの問題とは一緒にできないのかもしれませんが、アメリカの弱点が「ローン」[*3]にあるように思えて仕方がありません。

ただ、世界経済の落とし穴は、人々の思惑だけではありません。大災害もまた、世界恐慌の爆弾になるのではないでしょうか。

*1 2016年5月の伊勢志摩サミットで、安倍首相が「世界経済はリーマン・ショック前夜」と発言して物議を醸した。翌月にイギリスの国民投票でEU離脱が採択されると、ポンドの急落、円の急騰が起こり、世界の株価市場は全面安となった。イギリスが実際にEUを離脱するまでには時間がかかるが、その間の動きによって金融市場が揺れると予想される。

*2 リーマン・ショックは2008年9月なので、約8年が経過している。

*3 2016年2月、ニューヨーク連邦準備銀行の発表によると、2015年7〜9月の自動車ローンの組成額は約706億ドルで、そのうち46パーセントの約328億ドルがサブプライム向けだとい

金融危機の打開策として、実質的ゼロ金利政策[*4]を各国が導入すると、どうなるのでしょう。

話は変わりますが、これから人々は、世界中で雷の轟きをよく耳にすることでしょう。

アメリカにも、人の名前がつくハリケーンが、この数年内にやってくる気がします。最大瞬間風速は90メートルを超えて、記録が更新される[*5]でしょう。

熱帯低気圧になって、中心部に渦ができても、目が見つからないこともありますので、気をつけてほしいと思っています。

「シアー[*6]にも油断するなぁ」

こんな声も聞こえました。

地震だけをつい気にしがちですが、ハリケーンの被害は、経済にも大きく影響を及ぼします。

もしも、その場所が経済を大きく動かす地域だったら？

世界の経済の行方は、大災害にかかっていると思われます。

う。この組成額は、2007年のサブプライム住宅ローン危機を上回るもので、通貨監督庁が警鐘を鳴らしている。また、大学進学のために学生が借りる学生ローンの債務残高も急膨張し、約3割が返済遅延におちいっている。

＊4 実生活におけるゼロ金利のメリットは、融資が受けやすくなるため、企業や個人のお金が動いて景気回復につながること。デメリットは、安全で利回りのよい金融商品がなくなること。

＊5 2015年10月、観測史上最大級のハリケーン、パトリシアがメキシコに上陸。最大瞬間風速は110メートルだったという。

＊6 風速や風向が急に変化している場所を結んだ線。それに沿って気流が収束する。

10万人以上が暮らせる地底都市とは？ 謎を解く鍵はギリシア神話にあり！

地底都市[*1]があったそうです。

その都市には、10万人以上[*2]の人々が住んでいたといいます。

洞窟の中には、修道院[*3]もあるとか。

「通気孔はどのようになっているのだろう」

と、私流の心配が頭をよぎります。

この地底都市には、1万5000人[*4]もの人が集まれた広場もあったとか。すぐには信じがたいことですが、不思議な世界の方がこのように話されるのだから、本当のことだと思います。

「この謎解きは、ギリシア神話[*5]」

こんなことをふと思ってしまいましたが、私の知識では、地底都市とギリシア神話とが結びつきません。

地底都市は巨大だといいます。冒頭に書いた10万人どころではな

＊1 カッパドキア（トルコ）の地下都市群を指すものと思われる。発掘が開始されたのは1965年で、全貌はいまだに明らかになっていないが、深いところで16層もの構造を持つ400以上の都市が、通路で結ばれているという。

＊2 カッパドキアの地下都市群は、10万人以上を収容できると推定されている。

＊3 地下都市の各所に修道院があり、その多くは10〜12世紀につくられた。

＊4 地下都市のなかで特に巨大なものは、カイマクル、デリンクユ、オズコナークの地下にある。収容推定人数は順に1万5000人、6000人、6万人（異説あり）。2015年には、これらを超える規模の巨大地下都市がネブ

いように思ってしまいます。

土砂に埋もれていまだに発見されない（？）地底都市。人々は、いったい何のために地底に巨大な都市をつくったのでしょうか。

もしかすると、幻の王国[*6]が、今も地底にあるかもしれません。

私たちの文明は、これほどまでに発展を遂げましたが、地球の本当の姿を知らないのかもしれません。

地底には数多くのトンネルがあり、地上の国境などまったく意味をなさないかのように存在しているとしたらどうでしょうか。

UFOとの遭遇を願う人も多いのですが、地底[*7]に住む人々の乗り物がUFOなのかもしれませんよ（笑）。

南極と北極の氷が姿を消したとき、どちらかの極にポッカリと穴[*8]が空いていた、なぁんてことはないとは思いますが、地球にはミステリーがいっぱいあります。

あなたは地底王国に行ってみたいですか。

私は興味があります。


シェヒルで発見され、調査中だ。

＊5 詳細は不明。ミノタウロスが幽閉された迷宮と関係があるのだろうか。

＊6 19世紀のフランス人医師でオカルティストのアレクサンドル・サン＝イブ・ダルヴェイドルが、著書『インドの使命』のなかで地底聖都アガルタの存在を取りあげ、西洋世界に広めた。

＊7〜8 地下世界の存在は、各国の神話に必ず登場するが、現代でも、「地球の内部は空洞で、そこに別世界がある」と考える神秘家たちや、実際にその世界を見てきたと主張する人々がいる。彼らによると、北極と南極には穴が開いており、そこからUFOが出入りするという。そうした穴を撮影したという画像も存在する。

ピレネー山中の小さな国アンドラには、大昔の人々の感性が残っている

世界最古の都はどこなのでしょうか?

こんなことをなぜ思ったのか、わかりません。

いつも原稿用紙に向かうと、自分でも何を思い立ったのかわからないまま、こんなことを書いたりします。

「ディマスカ」[*1]

聞こえたので書いておきます。

現在、世界中で、人々はどれだけの言葉で語りあっているのでしょう。

「2776〜3200くらい」[*2]

不思議な世界の方が、答えてくれているのかもしれません。

「まだまだ未発見の言葉があります」

ひとつの言語でも方言があるので、数は正確ではありませんが、

*1 シリアのダマスクス(ダマスカス)のことだろう。「世界一古くから人が住んでいる都市」といわれている。アラビア語では「ディマシュク」で、本文にある「ディマスカ」に近い。

*2 言語の数については、学者や研究団体によって数え方が異なるため、正確な数字というものは存在しない。たとえば『ラルース言語学用語辞典』によれば約280

言葉は「あの世」との交信には欠かせません。言葉を発すると、空気の振動がその場の「気」につながり、さまざまな文明文化をつくりだしました。

言葉を大切に、です。

「人を傷つける言葉は、自分の耳からハートにも伝わるのです」

イスラームの暦では、今月[*3]は30日？

「ラジャブ[*4]、ラジャブ」

だれかが、そういっています。何を書きたいのかさっぱりわかりませんが、何となく楽しくなっています。

ピレネー山の懐には、アンドラ[*5]という小さな国があるようです。

小さな小さな国、アンドラ。どこにあるのでしょうね。

種子島ほどの小さな国です。

もしかするとこの国には、大昔の人々の感性が残っているかもしれません。世界中には、まだまだ不思議なことがたくさんありそうですね。

0語だが、少数言語の研究団体である国際SILのウェブサイト「エスノローグ」には、7299語が紹介されている。

＊3〜4 この原稿が執筆されたのは2016年7月。イスラム教で使用されるヒジュラ暦では、7番目の月を「ラジャブ」といい、日数は30日である。

＊5 フランスとスペインとの間にあるアンドラ公国（通称アンドラ）のことだろう。国民の大多数がカトリックで、宗主のウルヘル司教とフランスの大統領が共同領主となっている。面積は468平方キロメートルで、本文にあるように、種子島の445平方キロメートルに近い。

照の日記――5

5時55分とか、1時11分とか、
ふと時計を見て3つの数字がそろっていると、
すご～く嬉しくなるのです。
あれ、今「嬉しい」と書いて、
またまた嬉しくなりました。
だってね。
嬉しいって、「女が喜ぶ」と書くのですもの。
だったら、
女はいつも喜びを捜さないと損をしますよね（笑）。

第６章

地球という生命の営みと苦しみ

「アガルタ伝説」は真実だった？
地下都市遺跡が発見される日は近い!?

北極[*1]と南極には「ミステリー地帯」があると書いたら、信じますか？　緑がうっそうと茂り、妖精が飛びかう湖があったり、絶滅したと思われていた生物が生存していたり……（笑）。

もしかすると、死後、私たちの汚れた心が洗濯されるのも、このミステリー地帯かもしれません。

ミステリー地帯では温度調節が自由自在で、水晶の壁が、見事な環境をつくっています。

「バンガー・オアミス（?!）」[*2]

「アガルタ伝説」[*3]には真実あり。

ボバル古代洞窟[*4]は、どこまでつづいているのでしょう。

そんなに遠くない日、地下都市の遺跡が発見されて、ミステリアスな世界が好きな人以外にも、神秘的な世界に心を踊らせる人が急

＊1　地球が空洞で、内部には別世界が広がっており、北極と南極にその入り口があるとの主張が存在しているのは事実だ。左は、NASAが撮影したといわれる地球の画像。北極付近に穴のようなものが見える。また、グーグルアースが南極大陸の構造物や不思議な穴をとらえたと、話題になったことがある。

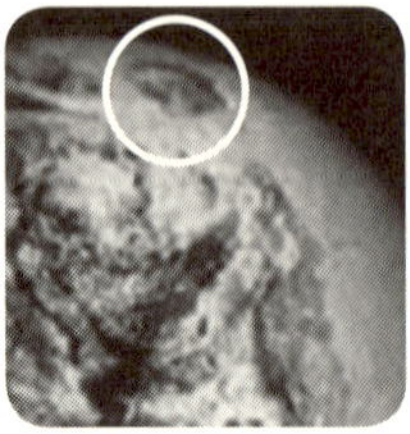

＊2　バンガー・オアシス（バンガー・ヒルズ）のことだろう。南極大陸の露岩地帯で、湖や入り江が

増することでしょう。

最近は、地球のためにもダイエットをすると決め、タラタラ歩きをやめて速歩にチャレンジ中ですが、食欲は全開です。

最近といえば、超古代に興味を持っています。

たとえば地底の王国。地球には謎が多い気がします。

地球の重さはどのくらいなのだろう？　そう思うと、ウフフと笑いたくなります。

現在の私の体重は55キロ前後（重いなぁ）。私の体重もプラスすると、どれくらいかなぁ！

「6兆トンの100万倍……」[*5]

だれかがこんなことをいっています。正体のわからない声の主。

70億もの人間の重さに、地球は耐えられるのかなぁ。

それと建造物。

いつの日か、地球という生命体は、表面の重さのバランスが悪いことに、我慢できない日がくるかもしれません。


存在する。1947年、アメリカ南極探検隊のバンガーらが空中写真を撮影中に発見した。

＊3 アレクサンドル・サン＝イブ・ダルヴェイドルの著書『インドの使命』や、ルネ・ゲノンの『世界の王』などで紹介された地下聖都。高度な精神性と文明を有する超人たちの都だという。

＊4 詳細は不明。マヤ文明の都市のひとつ、サポテ・ボバルと関係があるのかもしれない。

＊5 地球の質量は、5・972キログラム×10の24乗。本文には「6兆トンの100万倍」とあるが、実際には「6000兆トンの100万倍」が近い。

このまま温暖化が進むと、シアノバクテリアが地球を凍らせる!?

巨大な恐竜たちも絶滅しました。

メガネウラ[*1]というトンボのような生物もいました。

アノマロカリス[*2]は、ユーモラスな姿をしていました。

地球から姿を消した地球の仲間たち。

人類が絶滅する。そんな日が来るとは、だれも思っていないことでしょう。

夜空を見上げると、お月様がいつも私たちを見てくれています。

あのお月様は、1年3か月[*3]でできあがったと、不思議な世界の方に教えていただきました。

お月様が誕生したころは、いたるところで原始惑星[*4]が、激しい衝突をくり広げていたそうです。

そのころは、地球も原始惑星のひとつでした。

＊1 古生代石炭紀末期（約3億年前）の原トンボ目の昆虫。羽を広げたときのサイズが70センチに及ぶものもいたという。

＊2 古生代カンブリア紀前期（約5億年前）の海生肉食動物。体長は約60センチで、当時最大。

＊3 月の形成について有力視されているのは「ジャイアント・インパクト説」。原始地球に火星ほどの大きさの惑星が衝突し、宇宙空間に飛散した地球のかけらが集まって月になったという。コンピューターのシミュレーションによると、この場合、1年から100年で月が完成するといわれている。

＊4 惑星の前段階に当たる天体で、大きさは地球の月程度。これを核として、直径10キロメートルほどの小天体が集まり、惑星へと

私たちは、地球のことを知っていないと、地球本体との交信が良好にはなりません。

だってね。私たちは、地球の細胞のひとつですもの。

地球では、1000年以上も雨が降りつづいたために、海ができたのです。[*5]

そして生命が誕生して、地球の表面は変化していきました。

地球は生き物なのです。

20億年前にオゾン層の形成がはじまりましたが、今はこのオゾン層も破壊されつづけています。

このまま温暖化が進むと、シアノバクテリア[*6]がどのような性質を持っているのかはわかりませんが、光合成に影響する気がします。

そうすると二酸化炭素が急激に減り、地球が凍りついてしまうそうです。[*7]

地球は今、病気にかかっています。

病気にしたのは、私たち人間です。


成長すると考えられている。
＊5 誕生直後の地球はマグマに覆われていたが、地球の温度が急速に下がると、原始大気に含まれていた水蒸気が大雨となって地表に降り注いだ。それが約1000年つづいた結果、約43億年前に原始の海が誕生したといわれる。
＊6 約27億年前から地上に生息する光合成細菌。地球上ではじめて光合成を行い、大気中に酸素を供給した。旧名は藍藻《らんそう》。
＊7 これまでに地球は、表面全体が凍結するほどの氷河時代を経験したという説がある。その原因をシアノバクテリアに求める研究者もいる。つまり、光合成によって大気中の二酸化炭素濃度が低くなり、温暖化現象と逆のことが起こったというわけだ。

地表で静かに暮らそうとしない人間を地球は「うるさい」と思っている⁉

地球は呼吸をしています。

その証拠に、西島[*1]は陸地を増やしています。

ロシアのアラル海[*2]も、面積が縮小しています。

ただ、このアラル海は、地球そのものの活動によって縮小されたのではなく、人間によるものが大きいと思えます。

シルダリヤ川[*3]とアムダリヤ川[*4]の水は、現在どのような流れになったのでしょう。

地球は宇宙の中のひとつの生命体。その地球の表面をわがもの顔で変える私たち人間。「自分ひとりくらい」「皆もしている」という思いが、大変な事態につながります。

地球の表面は人、人、人だらけです。民族大移動も起きている地球。難民といわれる人々が、迫害を逃れ、国を捨てて他国の地を踏

＊1　小笠原諸島の西之島のこと。1973年には0・12平方キロメートルだったが、噴火によって陸地を増やし、2016年現在は2・73平方キロメートルとなっている。

＊2～4　アラル海は、1960年代までは世界第4位の面積を持つ湖だったが、この湖に流れ込むアムダリア川とシルダリア川を農地灌漑に用いたことが原因で、これら2河川の流量が激減し、アラル海の急激な縮小を招いた。右は1973年、左は2009年の画像。現在は、ほとんどの部分が砂漠と化している。

んでいます。湾岸戦争後[*5]、フセイン軍事政権から逃れた150万人[*6]ものクルド人が、トルコとイランに流出しました。

私ね、いつも思うのです。

地球がもしも私自身なら、皮膚の表面で静かに暮らさずに、さまざまなことをする生物を「うるさい」と思います。そのうるさい生物の人間が数を増やしつづけているから、今や地球は熱を出してしまい、いたるところで爆発（噴火）しているのだと思うのです。

ときには体を震わせ、うっとうしい生物をふり落とそうと、地震を起こしているとも思っているのです。あとは、体を洗うために津波や洪水、大雨を増やしているようにも思えます。

私たちって、わが身のことばかり考えています。たまにでもいいから、この地球があってこそ生かされていることを忘れずにいてほしいのです。

ひとりでも多くの人が、地球に「ありがとう」と感謝したならば、地球も穏やかに暮らしてくれると私は思うのです。

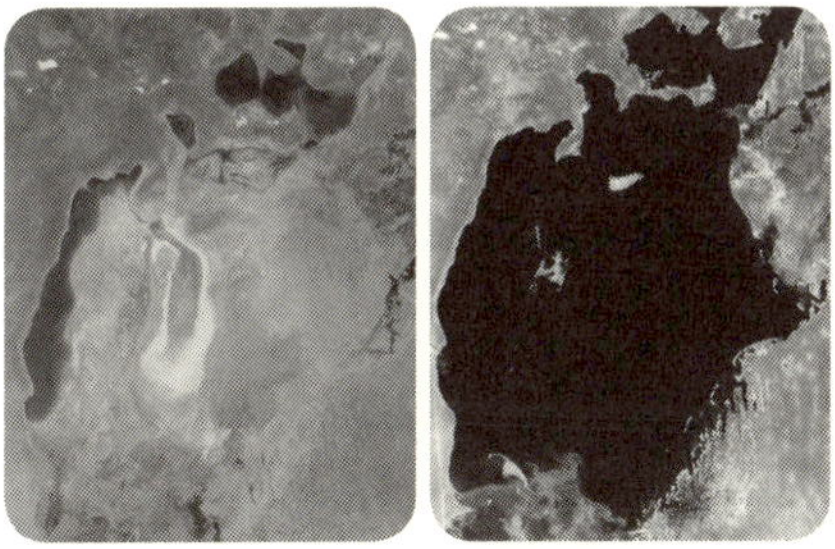

＊5～6 日本国際問題研究所によれば、1991年の湾岸戦争後、イラクに居住するクルド人のうち、約150万人のクルド人が難民化した。フセイン政権に苛烈な弾圧を受けたことが原因である。

南極大陸は大きく変化しはじめた！
氷床が消えると多数の隕石が発見される!?

南極で生きている生物がいます。

北極で生きている生物もいます。

それも、ごく自然に生きています。

隕石[*1]が降りそそいだ時期があった南極。もしも、またその時代とよく似た宇宙の環境ができあがったら、月から岩石が飛来する大事件が起きるかもしれません。

南極大陸の氷床が、温暖化の影響で蒸発して、隕石がもっと発見されることでしょう。

厚い氷床で覆われた南極大陸は、現在進行形で大きく変化[*2]をはじめています。生物が棲める場所が広がり、生態系がこの数百年で大きく変わります。

南極大陸にもダニ[*3]がいると不思議な世界の方に教えられると、ダ

＊1 41〜38億年前（後期重爆撃期）に、地球を含む太陽系の惑星は、多数の天体衝突を受けたとされているが、南極との関係は不明。ただ、南極は、地球で最も多くの隕石が見つかる場所として知られている。本文にあるように、南極の氷が溶けたら、より多くの隕石が発見されるだろう。

＊2 2014年2月、アメリカ国立科学財団が支援する科学者チームは、今後数十年で南極の生態系が大きく変化するとの予測を発表した。同チームによれば、南極海のひとつであるロス海の海氷は、2050年までに78パーセントが消失する可能性があるという。すると、食物連鎖の底辺にある藻類やオキアミの分布が変化し、これをエサとするペンギンやクジラに

ニの生命力といいますか、生き力《りょく》には感服します。

陸上と違い、海の中は意外と温度が高いのです。

高いといってもマイナス2度くらいですよ。

知れば知るほど、地球に棲む生物たちは活発に生きています。

氷点下[*4]でも凍らない生物たちもいます。ペンギンやアザラシだけが、南極大陸周辺の海で暮らしているのではありません。

そして、南極にも夏はやってきます。

もちろん南極大陸だけが大陸ではありません。

「地球は、大陸移動[*5]によって核[*6]の位置を保っている」と、不思議な世界の方は話されます。

地球の核の活動と密接な関係のある場所が、日本海溝[*7]とチリ海溝で、核を引き寄せながらエネルギーを高めます。ハワイ島は、核のガス抜きの場所。ヒマラヤ山脈は、核のガス抜きをすることで形成された山々です。

不思議な世界の方の話を聞いて、このように思いました。


も影響を及ぼす。

＊3 南極大陸の露岩地帯を中心に、30種類以上のダニが生息することがわかっている。

＊4 南極や北極の海に生息する魚の体液には、不凍タンパク質が含まれているため、氷点下でも凍らない。

＊5~6 地球の内部構造は、半熟卵にたとえられる。卵黄が核、卵白がマントル、殻が地殻だ。地殻とマントルで構成される12のプレートは移動しているため、境界では相互に圧力が加わってひずみが生まれ、限界に達すると力が解放される。それが地震である。核の位置との関係は不明。

＊7 海溝は、海洋プレートが沈み込む場所だが、核との関係については不明。

PM2・5などの大気汚染が一因となり、地球の磁気圏に異変が生じている？

「地球は巨大な磁石です」[*1]

今日も聞こえてきましたよ。

「太陽からは大量のプラズマが、[*2]一日に1回くらい放出されています。光のショーのようなオーロラは、[*3]あなた方を幻想の世界へと導いてくれます。

太陽は、11年くらいを周期にしています。[*4]地球の磁気圏は、[*5]太陽の活動の強弱に常に対応しているのです。

しかし、PM2・5などの大気汚染も一因になり、磁気圏が少しずつ病気になりかけています。現在も、磁気圏が太陽風を完全にさえぎっているわけではありませんが、太陽風が、磁気圏の表面にある磁力線をはぎ取りすぎることが、[*6]近々起きるかもしれません」

このように不思議な世界の方は忠告されておられます。

＊1 北極側（S極）が磁力の起点、南極側（N極）が終点で、巨大な磁場が形成されている。

＊2〜3 物質には固体・液体・気体の三態があるが、気体にさらにエネルギーを加えると、電子が原子核の束縛を離れ、電子とプラスイオンに分かれて自由に動きまわる。この状態をプラズマという。太陽が放出するプラズマ流（太陽風）は地球に吹き込むが、磁場にさえぎられる。このとき、極地方にある磁場のすきまから太陽風の一部が侵入し、大気中の原子に衝突してオーロラが発生する。

＊4 太陽は、約11年周期で活動のピークを迎えるが、近年では約13年になっているともいわれる。

＊5 地球の磁場は、太陽の磁場と太陽風によって変形することが確

らせん状[*7]に巻きつくように活動する希薄な電子は、プラズマの中では磁力線と仲よしです。

磁力線とオーロラの関係は現在、まだうまくいっています。オーロラの放電回路は、地球の健康状態を見るのには大切な要素です。地球には朝昼夜があります。白夜という世界もありますが、朝昼夜が、当たり前のようにつづいています。太陽が、この地球に朝昼夜をつくりだしてくれます。

太陽はやはり王様です。表面温度は約6000度K。[*8]その周囲は約100万度K。今ね、「K」と書きましたが、意味はいつものとおりわかりません。

宇宙開発も進んでいます。太陽のこともオーロラのことも、ずいぶんとわかりかけています。

「磁気圏の尾部のあたりのリコネクション[*9]の仕組みから、プラズモンド[*10]と結びつける研究を進めると、地球が自家発電をはじめる」もしかしたら、オーロラ嵐にヒントがあるのかもしれません。

認されている。

＊6 太陽圏の磁場が、地球の磁場と反対方向になったとき、地球の磁力線がはぎ取られる。

＊7 プラズマ（荷粒電子）は、磁界に沿ってらせん運動をしながら、磁力線の方向へ進む。

＊8 Kは「ケルビン」という温度の単位で、セ氏0度は273・15度Kに相当する。太陽の表面温度はセ氏6000度で、5778度Kとされている。

＊9 互いに逆方向に流れる磁力線が接触した結果、磁力線がつなぎ替わることを磁気リコネクションという。太陽風は、コロナの磁場エネルギーが、磁気リコネクションによって解放されて生じる。

＊10 正しくはプラズモイド。高温・高速のプラズマのかたまり。

酸素の分圧とオゾン層に変化あり！ 人間は体内の水分を保持できなくなる？

「酸素の分圧[*1]が、過去とはかなり違ってきた」

不思議な世界の方が、心配されておられます。

このようなお話を私が聞いても「酸素の分圧」の意味がわかりませんが、とても重要なことのように思います。

ここまで書いたところで、こんな説明がありました。

「分圧とは、大気を構成する気体のそれぞれが、単独に全面積を占めたときに示すはずの圧力」

まるで辞書を読まれているかのような答えが返ってきましたが、理解力のない私は、ちょっぴり口がポカン状態です。

どうやらオゾン層[*2]のことを話されているようです。

地球の上空で、紫外線を遮蔽《しゃへい》する部分に異変が生じはじめているらしいのです。

＊1 国立環境研究所の調べによれば、人類が化石燃料を消費することで、大気中の二酸化炭素濃度がこれまでにない速さで増加している一方、酸素濃度は減少しているという。

＊2 オゾンは酸素原子3個からなる気体で、その約90パーセントが、地表から約10～50キロメートル上空の成層圏に存在する。これがオゾン層で、太陽からの紫外線を吸収し、地球上の生態系を保護している。フロンなどによるオゾン層の破壊は、1990年代後半にピークを迎えたが、それ以降は減少傾向にある。しかし、オゾン層の破壊が少なかった1980年の水準まで回復するのは、今世紀なかごろ以降とされている。

＊3～4 カリフォルニア大学の研

今後、雷[*3]が世界中に轟く日がやってくる気配を感じます。

「なぜ雷なのだろう」と思ったら、「大気中の酸素分子[*4]」という答えが返ってきた気がしました。

オゾン層が病気になると、紫外線を遮蔽できなくなります。このままでいくと、人間の体内の水分[*5]を保つ方程式が故障しかねないというのです。

方程式の故障は、体内の水分を保てなくなる病気が発症することにつながります。

私の子供のころは、お金を出して水を買うなんて、考えてもみませんでした。

肺や肩や腰の骨[*6]が発達しない病気の誕生なんて、耳にしたくはありませんが、私たちはこの星とともに生きている生物です。

もしかすると遠い未来に、私たち現代人がやったことのツケを、生まれ変わった私たち自身が背負い、苦しむ結果が待っているかもしれません。まずは、今日生きていられることに感謝です。

究チームが「サイエンス」誌で発表した論文によると、気候変動が原因となって、今世紀末までに落雷の件数が約50パーセント増加する可能性があるという。なお、雷の中では、酸素分子と酸素原子が結合してオゾンがつくられる。

＊5 強い紫外線による刺激がくり返され、皮膚の角質層がダメージを受けて水分を失うと、それを補おうとして皮膚の内側から角質層へ水分が補給される。しかし、ダメージを受けた角質は水分をとどめておくことができず、補給された水分も蒸発してしまう。

＊6 ビタミンDが不足すると骨が弱くなるが、体内でビタミンDを生成するには、紫外線を浴びることが必要。適度な紫外線は健康のために必須である。

エルニーニョがますます巨大化？
地球は降水量を増加させようとしている

「記録的な豪雨」

こんな言葉を今年も聞くことになるでしょう。

過去の観測データが役立たなくなってしまった気象。海面の水温[*1]がこれほどまでに上がってしまったら、エルニーニョ[*2]現象の定義も変えなくてはいけなくなる気もします。

赤道海域は、地球の悲鳴が聞こえる場所でもあります。

巨大エルニーニョが今年は発生しやすいのが気になってもいますが、一転するか否かでラニーニャ[*3]になる気もしています。

エルニーニョとラニーニャだけが要因とは思えない異常気象も、これからは多発することでしょう。

地図を触るとインド洋[*4]も変です。

南インド洋も気になります。

＊1　気象庁の発表によれば、世界の海面水温は、100年にセ氏0・52度の割合で上昇している。2015年の年平均海面水温の平年差はセ氏0・30度で、統計を開始した1891年以降で、最も高い数値となった。

＊2　赤道域の日付変更線付近から南米沿岸にかけて、海面の水温が平年より高くなり、その状態が1年程度つづく現象。この影響を受けて、世界各地で高温・低温・多雨・小雨が発生する。

＊3　エルニーニョと反対に、赤道域の日付変更線付近から南米沿岸にかけて、海面の水温が平年より低い状態がつづく現象。

＊4　1999年、インド洋にもエ

熱帯域[*5]と亜熱帯[*6]の違いはわかりませんが、インド洋と南インド洋の周辺地域は、大洪水と干ばつに苦しむことでしょう。

集中豪雨によって、十数万人もの被災者が出る日も近いと思われます。

エルニーニョが、これからますます巨大化するのは避けられないことでしょう。ペルー沖で発生した場合は、日本も注意していないと巻き込まれてしまいます。

地球は現在、水分をほしがっています。降水量を増加させ、水蒸気量を増やし、地球を正常に戻そうと思っています。

熱帯低気圧[*7]がどのようなことを起こすのかはわかりませんが、大がつく降水量になるのは間違いありません。

大洪水が引き起こす壊滅的な脅威を、私たちは今まで以上に見せつけられることでしょう。

ひとりでも多くの方が、地球に生かされていることに感謝すると、地球も私たちを見守ってくれると思います。

ルニーニョ現象と似た現象が起こっていることがわかった（インド洋ダイポール）。２０１２年、日本はこの現象の影響を受けて猛暑となった。なお、インド洋全域では、エルニーニョとラニーニャによる海面水温の上昇または低下が、３か月遅れで発生する。

＊5〜6 熱帯とは、赤道を中心に南北の回帰線までの地帯で、年平均気温がセ氏20度以上、最寒月の平均気温がセ氏18度以上の地域。亜熱帯については厳密な定義はないが、緯度20〜30度で、熱帯に次いで温暖な地域といわれている。

＊7 熱帯から亜熱帯の海洋上で発生する低気圧の総称。風の弱いものもあるが、発達すれば台風やハリケーンとなり、ときに甚大な被害をもたらす。

世界各地で水不足が深刻化！ 水の豊富な日本は水によって活路を得る⁉

地球では砂漠[*1]が広がっています。

アラル海[*2]は干《ひ》あがりました。

「海」と名づけられたくらいですから、かつては水が満ち満ちていたのでしょう。56年前には世界第4位の湖でしたが、ダムの開発で自然界を変化させてしまったのが、砂漠化の大きな要因です。塩害も起き、この地域は荒廃してしまいました。

バイカル湖[*3]もいつの日か、小さく、小さくなるでしょう。

カリフォルニア[*4]でも水不足が深刻になると思います。人間が今までしてきたことのツケを、水不足によって知らされることになるのが気がかりです。

日本ではカドミウム[*5]による汚染問題が起きましたが、カリフォルニア[*6]でも似たような健康被害が出る恐れがあります。

＊1　1年で6万平方キロメートルが砂漠化しているという。

＊2　198ページの＊2参照。

＊3　ロシア南東部にある三日月形の湖。世界で最も深く、最も貯水量が多く、最も透明度が高い。また、最も古い古代湖でもある。現時点では、湖が縮小したとの報道はない。

＊4　カリフォルニアは、2012年からつづく記録的な干ばつによって、深刻な水不足に見まわれている。

＊5　富山県の神通川《じんづうがわ》流域で発生し

オリンピックの開催地リオ[*7]では、今年も干ばつがつづき、水不足は最悪になることでしょう。

[*8]オーストラリアでも雨量が少ないために、小麦や大麦が被害を受けることでしょう。

水問題を深刻に受けとめるなんて、日本に住んでいる私たちにとっては考えにくいことでしょう。

日本に住む私たちがどれだけ幸せな国に住んでいるのか、そのくらいは心にとどめておきたいと思います。

私たちは濁った水を飲めません。

でも、世界には飲んでいる人たちがいるのです。

日本には、石油はほとんどありませんが、水はあります。

この水が、日本経済を成長させる日がくると思っています。

少子化で人口は減りますが、私たち日本人が水を大切にさえしていれば、世界中で最も水の豊富な国、石油より価値のある水の国として、多くの人々に喜びを与えて生きていける気がします。

た公害病「イタイイタイ病」のことだろう。三井金属鉱業神岡鉱業所（神岡鉱山）から、カドミウムに汚染された廃水が神通川に流出。飲用水や野菜に汚染が移り、地域住民が慢性疾患を発症した。

＊6 詳細は不明。

＊7 2015年、リオデジャネイロは、1930年代以降で最も深刻な干ばつに見まわれた。

＊8 気象庁の発表によると、2016年1月、オーストラリア北部では異常少雨となった。だが、海洋研究開発気候の発表によると、2016年6〜8月のオーストラリアの雨量は、平年より多くなる見込みである。

攻撃的な外来種「ヒアリ」が世界を襲う？
生態系の変化が絶滅と異常発生を招く！

[*1]「ヒアリが全世界で大量発生する日がきます」と、不思議な世界の方が心配されています。このアリに刺されると、子供やお年寄りは重篤な症状になり、大人たちにとっても危険だとも話されます。

わが国が、ヒアリの侵略をどれだけ防げるのか疑問です。もしかすると日本アリは、このヒアリの前になすすべもなく、痛い目を見るかもしれません。

外来生物が私たちにもたらすものは何でしょうか？

花蜜、種子、樹液をエサにするヒアリが大量発生したら、山はみるみる草木を失います。そして人々は、刺されて大騒ぎをするだけでは終わりません。

現在、地球の自然界には絶滅寸前の生物がたくさんいます。

＊1 もともと南米に生息していたアリで、アルカロイド系の毒を持つ針で相手を攻撃する。国際自然保護連合が定めた「世界の侵略的外来種ワースト100」にリストアップされており、生態系や人間への影響が大きい。現在はアメリカをはじめ、オーストラリア、ニュージーランド、マレーシア、台湾、中国南部など、環太平洋諸国に分布を拡大しているが、侵入経路は不明だという。また、日本については、現時点では未定着。雑食性で、花蜜、種子、樹液のほか、節足動物やトカゲなどをエサにする。

＊2 バッタの大量発生による災害（蝗害《こうがい》）は、世界各地で古くから

その一方で、バッタ[*2]のような昆虫が、いつ異常発生を起こすかわかりません。

ヒアリのように、本来の生活の場から移住させられた外来生物が増えつづけています。

気流や海流に乗ってやってくる生物たちもいます。日本の海[*3]も、この5年で大きく様変わりしているように思います。

彼らにとって、新天地は楽園なのかもしれません。競争相手がいなくて、天敵もいないとなると、天国だと思います。

新天地で暮らしはじめた外来生物は、10年もすると外来生物ではなく、その場所が棲《す》み家《か》となります。

そのために在来生物たちはだんだんと少数になり、いずれ日本から姿を消します。

ニホンウナギ[*4]が「絶滅する」と騒がれています。川の水は今までと同じに見えますが、生態系がいたるところで大きく変化したために、悲しい現実が起きたのです。

記録されている。現在でも、アフリカ中部・北部、アラビア半島、中近東、アフガニスタンなどで問題になっており、国際連合食糧農業機関（FAO）を中心に対策が講じられている。

***3** 100人以上の研究者が7年をかけて調査したところによると、日本に侵入した海の外来生物は少なくとも76種で、そのうち37種は定着しているという（2009年の報道による）。

***4** 2014年6月、国際自然保護連合は、ニホンウナギを絶滅危惧種に加えたと発表した。ランクは「絶滅危惧IB」で、近い将来、野生で絶滅する危険性が高いというもの。

地球に飛来する宇宙線に異変が生じ、オンラインシステムが誤作動を起こす!?

「高性能サーバー*1」とは、どんなものでしょうか？

私にはわかりません。

「放射線*2」と書きたくなりました。

「宇宙からやってくる宇宙線*3でソフトエラー*4、ノイズ*5が発生」

このことがどれほどの事件を起こすのかわかりませんが、宇宙線中性子*6が、何かをやらかすのかもしれません。

こう書いてみても、私にはピンとくるものがないのです。

「半導体*7の原子核反応*8のシミュレーターは大丈夫か？」

と、だれかがいいました。不思議な世界の方々の声ではなく、どうやら現場のだれかが話している声に思えました。

宇宙線中性子*9は、驚いてしまうようなものを通り抜けます。

「蓄電部に異常はないか」

＊1　ＩＴネットワークの中で、要求されたサービスを提供するコンピューターやアプリケーション。ウェブサーバー、メールサーバー、ファイルサーバーなどがある。

＊2～3　宇宙線とは、宇宙空間を飛び交っている高エネルギーの粒子（放射線）。地球に飛来した宇宙線（一次宇宙線）は、大気に衝突して大量の粒子を生成する（二次宇宙線）。

＊4　コンピューターをはじめとするデジタル機器のＬＳＩ（大規模集積回路）が、何らかの原因で一時的に誤作動すること。前項で触れた二次宇宙線が、大きな原因であることがわかっている。

＊5　雑音。特に、デジタル機器が処理対象とする情報以外の不要な情報をいう。宇宙線も、それ自体

また、先ほどの人の声がしました。

「絶縁膜で覆うと、電子が移動しないといっていたじゃないか」

今度は腹を立てた声。

「新たなデバイスの種類を考えよ」

だれがだれに話しているのでしょうか。

なぜこのような声をキャッチしたのでしょう?

ソフトエラーとは、どれだけ大変なことなのでしょう。

「宇宙からの放射線。この放射線が、今までとは違う速度[*10]で地球に降りそそぐ日がやってくる」と、不思議な世界の方が話されます。

「ウラン[*11]やトリウムのα線と、宇宙線中性子の拡散層が一致」

こんなことも、不思議な世界の方はいわれます。

「オンラインシステムに誤作動が起きるのか」

そう思ったとき、電車と銀行と取引所の映像が見えました。

それと、携帯電話が切れました。

意味はわかりませんが、書きたくなったのでお伝えします。

を処理の対象とするのでなければノイズであり、データの乱れが生じる一因となる。

＊6 二次宇宙線に含まれる中性子が、ソフトエラーの原因として注目を浴びている。

＊7~8 宇宙線がほかの物質と衝突すると、陽子や中性子などが原子核から弾きだされる。この作用のため、宇宙線が半導体チップに入射すると、半導体そのものに不具合いが生じる。

＊9 中性子線は、鉛などの金属では遮断できない。水に含まれる水素原子によって遮断できる。

＊10 宇宙線は、ほぼ光の速度で地球に飛来する。

＊11 ウランとトリウムは、α線を放射する。また、ウランはα線を放射してトリウムとなる。

シェールガスの採取が環境を破壊し、温暖化と大地震を誘発する！

シェールガス[*1]が、私たちに幸福をもたらすとは思えません。

よほどの注意を払わないと、石油や石炭を掘るときよりメタン[*2]の漏出が多くなり、そのために温暖化[*3]が進みそうで心配です。

それに、シェール層の岩を水の力で砕くのでしょう？　水を大量に使用するし、土壌菌が死んでしまうし、地球にとって、いえ私たちにとってよい結果は生まれないと思います。

それだけではありません。シェール層のおかげで地盤を保てていたのに、それが一気に崩れることで、大地震[*4]が起きる可能性があるように思えるのです。

シェールガスを、アメリカのどのあたりから採取するのかも気になります。それでなくてもアメリカは、いつ大地震に見まわれてもおかしくないくらい、地下[*5]が勢いを帯びはじめているのですから。

*1　頁岩《けつがん》層から採取される天然ガス。その多くは、1500メートル以上の深さに存在する。

*2〜3　メタンガスは、二酸化炭素に比べて21〜72倍の温室効果があるため、シェールガス採取時の漏出について、温暖化への影響が懸念されている。

*4　シェールガス採取がさかんな米国オクラホマ州では、地震が急増中。M3以上の地震が、2013年には約100回、2014年には約600回、2015年には900回超となった。2011年にはM5・6の地震が発生し、負傷者や建物の損壊が出た。

*5　アメリカ地質調査所によれば、オクラホマ州、アーカンソー州、コロラド州、ニューメキシコ州、テキサス州などの内陸部では、

今後3年間は、特に注意が必要な周期に入ったようにも思います。

ハリケーンだって風速90メートル級。瞬間風速が90メートルもある風が吹くとは思えませんが、「90」という数字が気になります。

8月はもしかすると、悪夢を見る国が出るかもしれません。

「アイウォールが次々に起きます」[*6]と、女性の声。

アイウォールとはどういう意味？　フロリダ[*7]は大丈夫かなぁ。猛烈な熱さで気流が上昇し、その下には、すごい勢いの渦ができています。この光景が過去のものか、これから起きるのかはわかりませんが、「未来図」と思ってしまいました。

北米は竜巻のメッカ。大平原地帯の人々は、竜巻の威力にこれからも怯えつづけなくてはいけません。

「F5を覚悟する日が近づいている」と聞こえました。

「F2は、そんなに遠くない日に起きやすい」[*8]とも。

F5やF2は、何かのランクなのでしょう。

日本でも「ビルの山々」が原因で、竜巻が起きやすいと思います。


M3以上の地震が20世紀の6倍に増えており、こうした変化の要因は人為的なものであるという。

＊6 熱帯低気圧の中心にある雲のない部分。いわゆる台風の目。

＊7 フロリダ州は、アメリカ国内で、最も多くのハリケーンに襲われた州である。

＊8 1971年、シカゴ大学の藤田哲也博士によって、竜巻の被害状況から風速を予想する藤田スケールが考案された。F2は秒速50～69メートルで、住宅の屋根がはがれる、大木が倒れる、自動車が道路から飛ばされるなど。F5は秒速117～142メートルで、住宅が跡形もなく吹き飛ばされる、自動車や列車が遠くまで吹き飛ばされる、数トンもの物体が降ってくるなど。

現代物理学は陽子と中性子を結びつける重要なポイントを見逃している？

「原子は、アトムではない」[*1]

思わず「ウ〜ン」と唸《うな》りたくなりますが、「アトム」が出てきたら「鉄腕アトム」を思い浮かべてしまいました。

今日も何を書くのやら。

水素原子は、陽子・電子の数が1個。

ラジウムは、陽子・電子の数が88個。

水素[*2]の重さはわかりませんが、0が23個[*3]もつづくほど軽いとか。

水は、分子レベルではH_2O。

原子レベルでは、Hふたつと0がひとつ。ふたつあるのが水素原子で、ひとつが酸素原子。このへんは何となくわかります。

だけどね。いったい何を書こうとしているのかがわかりません。

原子力発電のことなのか、それとも北朝鮮が実験したという水素

＊1 原子という言葉は、古代ギリシアの自然哲学者たちが考えた事物の最小単位で、それ以上は分割不可能な存在「アトム」に由来する。しかし、近代に入り、原子がさらに内部構造を持つことがわかってきた。その意味で、原子はアトムではないのである。

＊2〜3 水素の重さではなく、水素原子の重さだろう。1・7×10のマイナス24乗グラムなので、小数点以下に0が23個つづく。

＊4 マイクロスコピックとも。顕微鏡でしか見えないこと、微視的なことを表す形容動詞。「ミクロスコピックな生物」のように使う。

＊5〜7 原子は、電子と原子核か

爆弾のことでしょうか。書く目的が見えませんが、いつものように書き進めてみます。

私たちの目ではとうてい見ることのできない世界が存在します。

「ミクロスコピック」[*4]という言葉が聞こえました。

量子論とは、ミクロスコピックの物質構成と動き方を、法則として探ることだといいます。

原子核[*5]があって、アップクォーク[*6]、ダウンクォーク[*7]になる。

「現在は、陽子と中性子を結びつける[*8]重要なポイントを見逃している」と、今聞こえた気がします。

原子自体、原子核と電子からでき、原子核は陽子、中性子、中間子[*9]、クォークという素粒子からできているといわれていますが、何かを忘れている気がします。

何かと問われても、私には難しい。原子核のことをわからない私が書いているのですから。

でも、こんなことを書くのには、きっと理由がある気がします。

らなり、原子核は、陽子と中性子からなる。さらに、陽子と中性子はアップクォークとダウンクォークからなる。陽子はアップクォーク2個とダウンクォーク1個、中性子はアップクォーク1個とダウンクォーク2個で構成される。

＊8 この宇宙には、①重力、②電磁力、③強い力、④弱い力という4つの相互作用があり、すべての力は、これらの組み合わせによって生じる。陽子と中性子を結びつけているのは、このうち③の「強い力」で、グルーオンという粒子が媒介となっている。

＊9 原子核の中にある中性子同士を結びつけている粒子。湯川秀樹によって提唱された。

地球の年齢はウランが教えてくれた！
放射性物質を調和させる鍵はそこにある!?

「地球の年齢って、どのように知り得たのだろう？」

眠る前に、こんな疑問で頭の中がいっぱいになりました。

するとね。その夜、変な夢を見たのです。

とても難しい夢でしたが、そこで見聞きしたお話をなぜか書ける気になっているのでチャレンジしてみます。

U、原子番号92、原子量２３８・０３、放射性元素、ドイツ語でUran（ウラン[*1]）。

２３８[*2]に中性子を衝突させて、２３９をつくる。天王星を意味するウラノス（Uranus）にちなんでウラニウム[*3]と命名。

このウラン元素の崩壊によってできる鉛の比率から、地球の年齢[*4]が割りだされました。

ここまで書いて、自分自身で唸《うな》ってしまいました。

*1 ウランには、いくつもの同位体（原子番号が同じで質量が異なるもの）があるが、安定したものはなく、いずれも放射性。つまり、すべてのウランは、放射線を出しながら崩壊していく過程にある（放射性崩壊）。天然に存在するのは、ウラン２３４、２３５、２３８の3種類。

*2 ウラン２３８に中性子が衝突すると、中性子がひとつ吸収されてウラン２３９になる。

*3 ウランの英語名uraniumをローマ字読みしたもの。ウランと同義である。

*4 ウラン・鉛年代測定法というものがある。ウランの放射性崩壊が進むと、最終的には安定した鉛になることを利用して、対象物の年代測定をするのである。ウラン

地球は45・5億年前に誕生した惑星だといわれています。

そう何となく書いて、ハッとするものがあります。

福島原発事故を一日も早く終息させたいと熱望する思いが、神々に通じることを願わずにはおれません。

私ごときに何ができるのかわかりませんが、感じとれたことが役立ってくれることを切望したくなります。

天然ウランには3種類[5]の同位体があるとか。暦青[6]ウラン鉱ではなく、ウラン鉱にヒントあり。

核分裂に、２３５[7]の割合を高めてできる濃縮[8]ウランの見直し。

地球の年齢を見いだしたのであれば、ウラン元素の崩壊についてよく考え、なぜ鉛の比率から地球の年齢をはじきだせたのかを学者さんたちはよく考えてほしいと思っています。

地球で起きたことは、地球にあるもので調和を取り戻せると、不思議な世界の方は話されます。

放射性物質を調和させる方法が必ずあるそうです。


２３８の半減期が約45億年、ウラン２３５の半減期が約7億年と非常に長いため、地球の年齢を推測するのに用いられた。

＊5 ＊1を参照。

＊6 瀝青《れきせい》ウラン鉱のことだろう。微晶質（顕微鏡では結晶が識別できるが、肉眼では識別不可のもの）で、樹脂のような光沢がある。

＊7〜8 天然ウランは、その約99・3パーセントがウラン２３８で、ウラン２３５は約０・７パーセント（ウラン２３４は約０・００５５パーセント）。このうち、ウラン２３５の割合を高めたものが濃縮ウランである。割合によって用途が異なり、3〜5パーセントのものは原子炉の核燃料、90パーセントを超えるものは兵器用の核燃料となる。

照の日記――6

「人生、山あり谷あり」
わかっていま〜す。
人生なんて、
いつどんな感情が不意にやってくるか、
わかりません。
そりゃあね、だれかのせいにすると
少しは心がホッとするかもしれませんが、
だれかのせいにしても解決できないことくらい、
本当はわかっているのですよね。
だからね。
まずは、たとえ嫌でも
ご自分の本音と向きあってみることだと思います。

補章

勘と予知能力を高める 12のヒント

1 自分が自分であることや、生きていることを自覚する

最近、すごくよくわかることがあります。それは、「自分には勘やひらめきがない」と思われておられる方も、ちゃんとお持ちであるということです。

だからね。お願いがあります。

そんなに遠くないある日、日本にまた、大災害がやってくるかもしれません。いえ、やってくることでしょう。そのとき、勘のひらめきは生と死を分けます。

ですから、勘をきちんと働かせるために、日ごろから、ご自分がご自分であることや、生きていることを自覚してほしいのです。

死を恐れていては、勘が働きません。また、いつも「暇潰しスマホ」やパソコンばかりして、考えることを忘れていると、いざというときに身を守るための勘が鈍ります。どうしてもスマホに没頭したいなら、「これから30分ほど心を忘れます」などと、ご自分に伝えておいてくださいね。

ふだんの自分がとる行動しだいで、勘は低下もしますし、向上もします。

仕事が忙しくても、子育てで一日があっという間に過ぎても、介護で疲れていても、たとえばお

手洗いに行かれるときくらい、「自分は生きている！」と、自分のお心にいってあげてください。

現代人は、肉体の存在を忘れすぎています。

ゲームに夢中になっているときは、肉体も心も置き去りにされています。それを無自覚につづけていれば、肉体や心の機能が病んでいくと思います。

私たち人間は、ほかの生物より高度な能力を授かっています。

もしも、あなたが災難から逃れたいのであれば、ご自分がとる行動を肉体に報告する習慣をつけてください。心と肉体が一体であれば、いざというときに、必ず守りの力が働きます。

2 不思議な呪文「ガバジャラミタ」は願い事によって唱え方にコツがある

不思議な世界の方から教えていただいた「ガバジャラミタ」という呪文は、ありがたいことに、多くの方々が唱えてくださっているようです。

この言葉を唱えたら、よいことがあったというご報告もたくさんいただいています。

朝4時に起きて唱えると効果が高いそうですが、それは習慣にしなくても大丈夫。ここ一番と思うことが起きたときにスタートして、気持ちが落ちついたらひと休みすればいいのです。

それと、ガバジャラミタを唱える回数に決まりはありません。何度かくり返して、ご自分の心が静かになったら、それで十分です。回数を決めると、数が気になって心が乱れますからね。

ご自分に気合いを入れたいときや、心を落ちつかせたいときには、ギュッとこぶしを握りながら唱えると、パワーがアップします。

願い事があるときは、目を閉じて深呼吸をしながら唱えると、ひらめきの扉が開いて、運を運んできてくれます。

また、試験を受ける前は、覚えたことがすんなりと思い出せるよう、ご自分の心が素直になることを願いながらゆっくり唱えると、ご自分の記憶能力がパッと開きます。

大好きな人ができたら、「自分を好きになってほしい」とは思わずに、「あの人を好きになれてよかった」という思いで、ガバジャラミタを唱えてください。

3 自分の名前をいってから行動すると、身を守るための勘が磨かれる

超高層ビルで働いておられる方も多いと思いますが、あなたがおられる超高層ビルは、長周期地震動といわれる揺れに対応できていますか？

いつ何が起きてもおかしくないとばかりに、日本では大地震が相次いで起きています。

だからこそ、怖がってはいけません。

それより日ごろから、ご自分にいい聞かせるように、「名前をいう習慣」をつけてください。

不思議な世界の方は、ご自分の名前をいってから行動すると、身を守ろうとする動物的な勘が磨かれるといいます。

超高層ビルの高い階で長時間過ごすと、気圧のせいか、本来の動物的な勘が鈍るようです。

これを少しでも解消するには、ご自分の名前をいってから行動することが一番だそうです。

一日中、自分の名前をいいつづけるのは難しいのですが、トイレに立ったときや食事中に気になったときは、名前と次にとる行動を口にする習慣をつけると、ひらめきにもつながるようです。

もしかすると、どこかが大きく揺れたとき、自分のいる場所は震度0でも、船に乗っているかのような揺れを感じるかもしれません。

震源が栃木県だとしたら、東京はどうなるのでしょう。関東平野は堆積層なので、揺れが伝わりやすいようです。首都圏が抱える弱い部分をもう一度、見直してほしいと思います。

過去の経験を今に活かさなくてはいけません。

そのためには、ひとりひとりの「勘磨き」が重要になるのです。

4 超能力はだれにでもあるが、現代人は意識の下に葬っている

東日本大震災以降、自然災害を予知できる人たちが増えた気がいたします。

私だけが特別なのではありません。

「予知能力」は、日々ご自分の心の内に感じることを素直に受けとめることからはじまります。

たとえば、列車事故は多くの場合、いつもより乗客数が少ないというデータがあります。予知能力が働いたために列車に乗らなかったのかは不明ですが、予知能力を研究されている方のなかには、データからこのような答えを出した方がおられるとか（編集部注：1950年代に、アメリカの超心理学者ウィリアム・コックスが調査した）。

乳児と母親の間では、テレパシーが当たり前のように使われていることも忘れないでください。

こうした超能力は本来、だれもが手にしているものだと不思議な世界の方は話されます。ただ、「現代人は意識の下に葬っている」ともいわれます。

野球をやったことのある方ならわかるかもしれません。ピッチャーとキャッチャー、お互いが心をひとつにしたとき、ピッチャーが出すサインと、キャッチャーが出すサインとが一致するそうで

す。また、サッカーをしている最中に、目と目を見交わすだけで、お互いの次なる行動が読めたりと、いろんなところでテレパシーが炸裂しています。

あなたがなにげなく心の中で思ったことを、そばにいる人が話しはじめたことはありませんか。それは偶然ではなくテレパシーなのです。

以心伝心。この言葉を信じることからはじめてください。

見知らぬ人に向かって、「こちらを振り返って」と、心の中でいってみるのも、ご自分の能力を知るにはよい方法でしょう。でも、実験する場所だけは選んでくださいね。

5 100日後の自分に手紙を書くと、今すべきことがよくわかる

あなたは、100日間でご自分をどれだけ変身させられますか?

不安や不満を抱きながら過ごしても、100日なんてアッという間です。

そして、明日の命が保障されている人など、どこにもいません。でも、多くの人は、よほどの状況下でないかぎり、「明日も自分は生きている」と信じきっています。

今日という日も、100日後という日も、二度とやってはきません。

勇気を出して、100日後の自分へ手紙を書いてみませんか。内容もテーマも自由です。

100日後、過去からの手紙を受け取ったあなたは、どのような気持ちになるのでしょう。

ある人は、自分で決めたことが守れて、自分を誉めているかもしれません。

また、悩み事が100日間のうちに解決しているかもしれません。

100日間で、ご自分をどのように変身させられるのか、お楽しみがいっぱいです。

私もこの原稿を書き終えたら、100日後の自分に向けて手紙を書きます。

運とは、「運ぶもの」です。ご自分あての手紙を書くことで、ご自分が今、何をするのが最良なのかも見えてきます。

手紙を書くか書かないかは、あなたの心のままに。

6　5枚のカードを自分に郵送して、何枚目に何があるか当ててみる

科学を越える力を私たちは手にしています。その力がご自分にもあることをお教えしたいので、5つの図形を使ったゲームをしてみませんか。

まず、トランプ大の紙を5枚と、ご自分の好きな筆記用具を用意してください。

用意ができたら、＋・○・×・△・□という5つの図形をひとつずつ、それぞれのカードに書いていきます。書くときは、「私は今から＋をカードに書きます」と、これから書く図形をカードにいい聞かせ、丁寧に書きましょう。

5枚とも書き終えたら、カードを好きなだけシャッフルしてから封筒に入れ、しっかりと封をして、「○○（ご自分の名前）が書きました」と、5回いってください。

そしてね。ご自分あてに郵送してください。数日すると届きます。そのときは「お帰りなさい」といってあげてください。

届いたら、封を切らずに、住所が書かれた部分を上にして、まずは上から3枚目にあるカードを思い浮かべてください。最初のひらめきを信じることと、ご自分が封筒にカードを入れたときのことを思い出そうとしないことがポイントです。

次は上から5枚目、その次はいちばん上、そして次は上から2番目か4番目（どちらでもけっこうです）と、ひらめいたカードの柄をメモしてください。

封筒を開けたとき、どんな結果が待っているでしょう。

このゲームは、カードの図形を当てることが目的ではありません。「何となくひらめく」という感覚をつかんでいただければ、それで十分です。

7 朝30分、気力を高める時間を持つと、自然に運気が伸びていく

あなたは、一日24時間をどのように使っておられるのでしょう。

10歳以上の人の一日の食事時間を平均すると、1時間38分ですって。ご存じでしたか？

朝食抜きの人はいませんか。運気を上げたいと思っておられるのなら、朝はゆったりと優雅な食事タイムをとってください。今とは違うリズムにすると集中力も高まりますし、物事の見方も、聞き取り能力もアップします。

朝30分、ご自分のために気力を高める時間を持ってはいかがですか。

スマホや携帯電話やパソコンを楽しむ時間があるのなら、せめて朝の30分を食事タイムにしたり、ニュースを見たり、音楽を聴いたりするのって最高です。もちろん、体操もいいですね。

一日は24時間。だれもが平等に手にしている時間です。

働いているから朝に時間をかけられないとか、子育てで朝は忙しいとか、そりゃあ、理由はいっぱいあるでしょう。でもね。週に一日でもいいから、おやりになってください。運気を伸ばすというのは、人任せでできることではありません。

現代人は、何を急いでいるのか、家を出るまでの時間がせわしないこと。朝の空気は、夜よりも清々しいのに、もったいないことです。

そうそう、通勤するときにひと駅歩くと、心をリフレッシュできます。

私は朝をいちばん大切にしているおかげで、心だけは若さを保てています。

8 話をしたり聞いたりすることが、思考能力とパワーを増進させる

あなたは一日のうち、どのくらい人と会話をしておられますか?

相手によっては、会話することがストレスのもとになったり、トラブルに発展したりと問題も起きますが、会話をするチャンスが少なくなると、思考力が低下してしまいます。

私たちは、だれかと話すことで学んだり、悩んだり、自己の存在を自覚したり、恋心という特別な感情を手に入れたりします。

他愛のない話、役に立たない話、同じことを何度もくり返す話。そんな話を聞かされたときは、なかなかハートが乗らず、時間を無駄にしているように感じるかもしれません。

でも、相手の話を聞くと、ご自分に必ず見返りがあるものです。話すことの大切さは、その内容

ではなく、話を聞いたり、聞いてもらったりすることにあるのです。

私は、ご相談のお約束がない日は、人と話をしません。一日中、自分との会話がすべてです。だからこそわかったのです。だれかと話すことは、パワーを増進させる秘訣だということが。

認知症を患う人も、それを見守る人も、このことをどうか忘れずにお過ごしください。

また、話し相手がいない人は、一日に2曲以上、声を出して歌うか、私のように書くことを覚えてください。人は、自己の存在意義がわからなくなると、心を病むものです。

それとね。現代は、新しい言葉がありすぎて、本来の日本語が薄れていますが、ご自分にお話をされるときは、美しい言葉をお使いください。

9 酢とゴマと生ワカメをいただくと、翌日の勘がとてもいい感じになる

このところ、飽きもしないで毎日のように食べている簡単料理があります。生ワカメと野菜と、蟹まがいのカマボコに、ゴマとすし酢をたっぷりかけて、食べること、食べること。

健康のためというより、最近、体が酢をほしがっている感じがします。

私は子供のころ、好きな食べ物がありませんでした。食欲がないというのではなく、食べ物に興

味がなかったのです。また、姿形のある物も口にできませんでした。今思えば、やはり変わった子だったのかもしれません。

でもね。猫の生まれ変わりなのか、魚の骨のカリカリ焼きだけは大好きでした。砂糖と醤油と味醂だったかなぁ。母の愛で味つけした魚の骨を、父がテーブルの横の火鉢で焼いてくれました。

いきなり食べ物の話になったので、不思議に思っておられる方がいるかもしれません。

私の原稿を楽しみにしてくださっている皆様に、「勘を磨く食事」をお教えしたくなり、こんなことを書いています。

酢とゴマと生ワカメは、次の日の勘がとてもいい感じになるのを最近、発見しました。

じつはね。10日ほど旅に出ていたときに、この簡単料理が食べられなかったので、よくわかったのです。

それと、骨のカリカリ焼きを食べていた子供のころも、不思議な世界の方々の姿が、今以上にハッキリと見えていたのを思い出します。

朝は、炭酸水を小さなコップに1杯だけ飲むと、心の中に詰まっていた何ともいえない思いがスッキリします。

ネエネエ、一度試してみてください。

10

手のひらが医者だと思って、5分ほど頭を刺激すると心が晴れやかに

「脳の解剖学」といわれても私には難しすぎますが、私たちの会話が、心の病気をつくっていると思われるのです。

「うつ症状に悩んでおられる方々に、側頭葉《そくとうよう》の近辺を手で刺激するよう伝えてください」

不思議な世界の方が、そう話されました。

側頭葉って、どのあたりかなぁ？　と、思ったら、

「脳の頂点に近いあたりは、足です」

と、私が思った答えとは違う言葉が返ってきました。

「側頭葉を刺激すると、顔・口・舌の働きがよくなり、考え方もまとまりやすい。

運動野《や》の各部分には肉体の重要な働きがあり、側頭葉の働きが鈍くなると、顔全体と口と舌は、動くのが嫌いになるようだ。口が重くなると、心の中の自分との会話もしたくなくなる。

だが、人は何かを考えたがる動物なので、心に引っかかることをくり返し話す癖がつく。

そうすると、何を考えることが正しいのか、出口が見えなくなる。

脳全体に広く分布している感覚系。この中の体性感覚野《たいせいかんかくや》は、頭頂葉《とうちょうよう》の前端にあるので、ここも刺激を与えるとよい。

刺激といっても強烈なことをしてはいけない。自分の手のひらを温め、自己の治癒力を高めるために、何も考えず、手のひらが医者だと思い、両手の指を組んで、手のひらで刺激しなさい。

何度もいうが、何も考えず、手の温もりを頭に感じながら、心が安らいだ気持ちになるくらい何度もくり返しなさい。5分くらいするとよい。そして、両手の指を組んだまま、頭の裏から首にかけて気持ちがいいと思う場所をほぐしてみるとよい。心が健全な人も、一度やってみなさい」

聞こえたまま、お伝えしました。

11 手をつないで目を見るだけで、相手の思いや少し先の未来がわかる

「私たち人類には、まだまだ試さずにいる力がある」

不思議な世界の方は、いつもそういわれます。

そんな力のひとつに「手をつなぐことがある」と、教えてくれました。

そういえば、わが子と手をつながなくなってから、ずいぶんと時間がたちます。

「幼子と手をつなぐのは、親にしてみれば幼子の安全のため。でも幼子は、つなぐ手の命を感じているし、つなぐ手のほんの少し先の未来も見えている」

と、不思議な世界の方はいわれます。

手をつなぐという行為を、大人はためらうことなくできるのでしょうか。

挨拶のひとつに、握手があります。この握手だけで、相手の思いをキャッチできるのです。

向かいあってお互いの両手を握り、目と目を見交わすだけで、相手に対する不満が消え、不思議なくらい相手の思いを受け取ることができるといいます。

私たちが手をつなぐ行為を忘れた分、人間力が低下したようにも思います。

職場でも家族でも、手をつなぐ行為が広がると、日本中に笑顔が広がるように思います。

12 登山をするときは下山後に意識を向け、旅行前には帰宅日時を自分に告げる

日帰りで登れる山は人気があります。御嶽山《おんたけさん》もそんな山のひとつでした。

この御嶽山は、２００７年までに2回、水蒸気爆発を起こしていました。

24時間、火山活動が監視されていたのに、なぜ57人もの人の命が奪われることになったのでしょ

う。今回の噴火を教訓としなくてはいけません。気象庁が常時、観測火山に指定していても、予測できなかったのは事実です。火山活動を知らせる噴火レベルは、噴火の直前まで、5段階のうちの「1」でした。今の日本の活火山は、いつ何が起きてもおかしくない状態なのです。

もしも、富士山が大噴火を起こしたら？　多くの人が登山していない時期ならば幸いですが、世界遺産に登録されたため、外国人の方々も登られるので、とても心配です。

富士山噴火のXデーは、いつの日かやってくることでしょう。

わが身に迫りくる危険を察知するには、だれもが手にしている動物的な勘を信じることです。

山登りが趣味という方は、登山の日程が決まったら、下山した次の日、ご自分がどうしているのかをイメージしてみることです。

登山だけを意識せずに、下山後への意識を高め、何か気になることがあったら、無事に下山することを強く願いましょう。また、登山中は、山の神々に心からお礼を申しあげてください。

この方法は、連休などに旅行するときにも使えます。出発前に、ご自分が帰宅する日時を予測して、「〇月〇日〇時ごろ帰宅します」といってからお出かけください。

そのとき、心の中に引っかかるものがあれば、「〇月〇日〇時ごろはどうですか？」と、ご自分に聞いてみましょう。難を逃れやすくなりますし、大難が小難になります。

おわりに

この本を読み終えられたあなた様に、まずはご挨拶申しあげます。

「お疲れさまでした」

興味のある内容と、そうでない内容では、お読みいただいたあなた様の楽しみ方が違いますから、お疲れさまと申しあげました。

この本の編集の方が「作業にハマりました」と、いいました。私の書いた内容を調べるときに、日本語はもちろん、英語で調べても事足りず、ときにアラビア語やヘブライ語、さらには英語とシュメール語の対照表まで使ったそうです。「あれこれ調べて、ようやく意味がわかったときの嬉しさは格別でした」というのです。

私は、「世見《よけん》」を検証してくださったことに、本当に感謝いたしております。

もしかすると、不思議な世界の方々が、私にご褒美をくださったのかもしれません。

私は、不思議な世界の方々が書かせてくださる内容を疑ったことはありません。それ以前に、何も気にせず、毎日「世見」をブログにアップしてもらっています。

「書くことが使命だ」なぁんて思ったこともありません。むしろ楽しく書いています。

中指の鉛筆ダコが今日も「がんばれ」といってくれています。これも生きている証です。

書いた一字一字の思いが、このタコには宿っている気がします。

「鉛筆ダコさん、これからもよろしく」

「この本ができあがって嬉しいです」

お読みくださったあなた様にも、心からお礼を申しあげます。

これからも、命がある限り、書きつづけます。

あなた様も、私が書く「世見」の検証者になってくださると、今以上に私がパワーアップすると思います。

それとね。この本をお読みくださったことで、あなた様と不思議な世界の方々との間には、ホットラインができたはずです。それがこの本の最大のお役目だと思います。

２０１６年7月吉日

松原照子

【著者】
松原照子（まつばら・てるこ）
1946年10月15日、兵庫県神戸市に生まれる。株式会社SYO代表取締役。自身のウェブサイト「幸福への近道」で、東日本大震災の被災エリアを細かく当てたことが話題となる。「不思議な世界の方々」に教えられるまま、見せられるままに日本と世界のさまざまな話題をつづる「世見」は、同ウェブサイトのなかでも人気が高い。『聞いてビックリ「あの世」の仕組み』『「不思議な世界の方々」から教わった予知能力を高める法』（ともに東邦出版）、『心を整えて幸せを呼ぶ64の方法』（学研プラス）などの著書がある。

幸福への近道　http://terukomatsubara.jp/

松原照子の大世見

2016年9月13日　第1刷発行

著　者　松原照子
発行人　鈴木昌子
編集人　吉岡　勇
企画編集　三上丈晴
発行所　株式会社 学研プラス
　　　　〒141-8415 東京都品川区西五反田2-11-8
印刷所　中央精版印刷株式会社
製本所　中央精版印刷株式会社

◆この本に関する各種お問い合わせ先
【電話の場合】
◎編集内容については、Tel.03-6431-1506（編集部直通）
◎在庫、不良品（落丁、乱丁）については、Tel.03-6431-1201（販売部直通）
【文書の場合】
〒141-8418　東京都品川区西五反田2-11-8
学研お客様センター『松原照子の大世見』係

◆この本以外の学研商品に関するお問い合わせは下記まで。
Tel.03-6431-1002（学研お客様センター）